# JULIANA LINARES ØVERLAND

# ALEGRIA BLINDADA

# JULIANA LINARES ØVERLAND

# ALEGRIA BLINDADA

COMO
MANTER
SEU
BEM-ESTAR
MESMO
QUANDO
TUDO
PARECE
FORA DO
LUGAR

**PRÊMIO:**
Vencedora
da premiação
**Melhores
do Brasil na
Europa 2022,**
categoria melhor
influenciadora

DICAS PRÁTICAS DE UMA BRASILEIRA
QUE SOBREVIVEU À DEPRESSÃO
DE INVERNO NA NORUEGA

**Dados Internacionais de Catalogação na Publicação (CIP)**
**(eDOC BRASIL, Belo Horizonte/MG)**

| | |
|---|---|
| O96a | Øverland, Juliana Linares. |
| | Alegria blindada: como manter seu bem-estar mesmo quando tudo parece fora do lugar / Juliana Linares Øverland. – Belo Horizonte, MG: Ed. do Autor, 2022. |
| | 124 p. : foto. ; 14 x 21 cm |
| | |
| | ISBN 978-65-5872-376-9 |
| | |
| | 1. Autoconhecimento. 2. Depressão sazonal. 3. Superação. 4. Noruega – Usos e costumes. I. Título. |

CDD 158.1

**Elaborado por Maurício Amormino Júnior – CRB6/2422**

Proibida a reprodução total ou parcial
da obra de acordo com a lei 9.610/98

[ 2022 ]
Todos os direitos dessa
edição reservados à
**Juliana Linares Øverland**

**makingnorwaymyhome.com**

# MINHA EXPERIÊNCIA E TÉCNICAS PARA ACENDER A SUA LUZ E MANTÊ-LA, MESMO DIANTE DA ESCURIDÃO. MESMO PARA QUEM JÁ TEVE DEPRESSÃO, COMO EU.

## ATENÇÃO:

Este livro não se propõe a substituir acompanhamento nem tratamento psicológico em casos de depressão.

A autora frisa que depressão é uma doença séria, que precisa de tratamento específico dos profissionais da área médica.

A proposta deste livro é despertar a alegria interior e promover bem-estar duradouro, de forma a auxiliar pessoas a prevenir a depressão. Além disso, no caso de pessoas já em tratamento médico- psicológico de depressão, o livro funciona como auxílio para reencontrar a alegria de viver.

## DE JULIANA LINARES ØVERLAND

**Dicas de uma
brasileira
sobrevivente
à depressão
de inverno na
Noruega.**

GUIA PRÁTICO PERSONALIZADO
PARA VOCÊ MANTER O BEM-ESTAR
EM QUALQUER LUGAR.

**makingnorwaymyhome.com**

# Sumário

**Não tenho tempo pra mais nada, ser feliz me consome muito.**

*Clarice Lispector*

# Introdução

## COMECE POR AQUI

Olá, e parabéns! Você adquiriu este livro. E já o abriu.

Isso quer dizer que você já deu o primeiro passo para reencontrar e manter a sua alegria.

O ponto mais crucial para o ser humano é entender que a nossa felicidade está em nossas mãos.

Sempre. Mesmo quando temos grandes problemas. Mesmo quando tudo parece estar fora do lugar. Mesmo quando a situação parece estar fora de controle. Nós temos poder de escolha.

Sabe por quê? Porque tudo depende de como enxergamos os desafios, as vitórias, e o que decidimos fazer com isso.

Você provavelmente já escutou o ditado: "Há males que vem para bem". Meu pai costuma dizer que todos os problemas e percalços que ele enfrentou na vida foram bons para ele, no final. Todos. Até mesmo as doenças. Vou te contar como uma doença me trouxe até aqui, trazendo este livro até você.

Desde que me entendo por gente, sempre quis ser atriz. Sempre foi meu maior sonho, uma paixão.

Eu cresci em um ambiente tradicional mineiro que nada tinha a favor desse meu sonho. Pelo contrário. Tive empecilhos o tempo todo, mas nunca desisti. Meu amor pelas artes era maior do que todas as opiniões contrárias e desmotivadoras. Quando me mudei para o Rio de Janeiro, para estudar na Cal, uma das melhores escolas de teatro do Brasil, tive várias dificuldades. Eu tinha orçamento curto, não conhecia ninguém, sentia solidão, não sabia me virar sozinha, mas começar a realizar meu sonho suprimia toda e qualquer dificuldade. Até que veio uma dificuldade inesperada. Para essa "puxada de tapete" eu não estava preparada, não tinha antídoto.

Depois de me formar no curso de artes dramáticas, estava cursando interpretação para a TV. No decorrer do curso, com o passar das semanas, tive muita dificuldade em assimilar os ensinamentos do diretor. Eu "bebia" das palavras dele, anotava tudo, estudava em casa, ensaiava, mas o resultado não acontecia como eu planejava. A cada cena gravada, quando íamos analisar minha atuação, eu estava errando muito. Parecia fácil depois que ele explicava, mas, quando eu ia para frente das câmeras, a magia não acontecia.

Pela primeira vez, um obstáculo me atingiu para valer. Porque o tiro foi lá dentro do meu sonho. Parecia que eu não iria conseguir ser boa atriz de TV. O que estava acontecendo? Será que me faltava talento? Eu não conseguiria ser boa atriz, afinal? A minha história teria final infeliz? Eu não estava preparada para esse baque. Seria o fim do meu sonho? Depois de sonhar, planejar, buscar, estudar tanto!

Eu estava preparada para falta de dinheiro, falta de apoio das pessoas, críticas, batalhas para ficar conhecida no meio artístico, morar em um quarto alugado na casa da mãe de uma amiga. Agora, para falta de talento, eu não estava preparada. Sempre tive bons *feedbacks* sobre meu talento. Pela primeira vez, vi um real impedimento para meu sonho se realizar. Logo eu, que tinha meu sonho como o maior foco da minha vida. Quando estou em cena, não sinto fome nem sede, sono ou cansaço.

Contar uma história, interagir com o público, era quando a vida fazia sentido. É complicado explicar, mas a sensação é de estar no meu elemento. De pertencer àquele lugar. Sempre quis ser aquela que consola doentes nos hospitais, que alegra uma criança que apanhou, que dá esperança ao *motoboy* de ter dias melhores. O entretenimento dá isso: alimenta os sonhos, dá coragem. Assim como alguém me deu coragem um dia. Todo sacrifício para mim valia a pena.

Eu, que me sentia invencível, senti a tristeza tomar conta de mim. Eu me lembro de me sentir perdida, sem um plano B para a minha vida. Era como se eu chegasse à beira de um abismo. A estrada acabou, e agora? Minha felicidade dependia do meu sonho se realizar. E agora eu não poderia mais sonhar.

Era fim de ano. Fiz um exame de sangue de rotina e descobri que tinha anemia profunda. A medida de hemoglobina estava criticamente baixa. Meu nível de ferro estava bem abaixo do mínimo estimado para boa saúde. Para quem não sabe, o ferro possibilita o transporte de oxigênio para todo o corpo. Era um problema sério, porém curável por meio de suplementos e de alimentação correta.

**A diferença era que eu passei a fazer tudo isso independentemente do resultado. A felicidade havia se tornado o foco. E continua sendo.**

Eu estava lendo um livro chamado "Você pode curar a sua Vida" da Louise L. Ray. Ela descreve algumas doenças e suas possíveis causas emocionais. Para minha surpresa, lá estava ela: Anemia. E a causa? Tristeza.

Foi um choque para mim porque fez sentido. Eu

estava mesmo passando pela maior tristeza, a possível morte do meu maior sonho, de uma vida toda (até meus 27 anos).

Então eu me adoeci? Possibilitei que a minha tristeza me tornasse tão vulnerável a ponto de prejudicar a minha saúde?

Depois do choque, veio a tomada de decisão que mudou a minha vida para melhor. "Eu vou ser feliz não importa o que aconteça". Escolhi a felicidade. Continuei me esforçando para compreender, melhorar e ser melhor atriz a cada dia.

Meus esforços resultaram na qualidade do meu trabalho. Aos poucos, fui ocupando um lugar de destaque no curso de TV. A ponto de o diretor citar minha cena como exemplo de sucesso. Consegui me tornar uma atriz competente e reconhecida no meio teatral e televisivo. Em 2003, fui convidada para uma participação na novela Mulheres Apaixonadas, de Manoel Carlos. Era uma ótima cena, com a genial atriz Giulia Gam. Meu trabalho foi reconhecido e minha personagem voltou à novela com cenário próprio e ótimas cenas. Realizar os sonhos é maravilhoso. Eu recomendo. Só que, antes de mais nada, a nossa felicidade nos pertence. Cabe a cada um promover e proteger a própria alegria, independentemente dos acontecimentos.

Tudo na vida pode ser visto pelo lado negativo ou positivo.

Até mesmo o nosso aniversário. As crianças geralmente amam fazer aniversário. É o dia mais esperado e excitante do ano para elas. Já nós, adultos, muitas vezes brigamos com a idade avançando, criamos expectativas de termos muitos comentários no Facebook, e nos preocupamos se a comemoração será da forma exata que desejamos. Ou seja, a gente problematiza muitas coisas desnecessariamente.

Você já percebeu que fazemos escolhas o dia inteiro? Não só no restaurante, quando escolhemos o prato e os acompanhamentos. Escolhemos nos levantar da cama de manhã, escolhemos o que responder no grupo da família no WhatsApp, escolhemos gritar com o outro motorista no trânsito que nos deu uma fechada, escolhemos cumprimentar os colegas de trabalho, dar bom dia ao porteiro do prédio. Escolhemos passar adiante uma fofoca. São escolhas.

Aqui neste livro, vou incentivar você a escolher pensar positivamente. É uma escolha que pode transformar sua vida para sempre. E para melhor.

Como diz nosso rei Roberto Carlos: "É preciso saber viver".

É importante saber que não basta querer pensar positivamente. É preciso compreender, desenvolver as técnicas (eu chamo de caixa de ferramentas), praticá-las por tempo suficiente para que seu corpo e mente introjetem essa nova forma de viver. Aí, sim, sua alegria será blindada.

Quando surgirem desafios e obstáculos, você já saberá recorrer à sua caixa de ferramentas antes que seja tarde.

Sabe quando tem vazamento na pia da cozinha e você não sabe o que fazer? Tem que chamar o encanador para consertar porque é ele quem tem a caixa de ferramentas e a experiência, certo? No nosso caso, a alegria está dentro de nós. Cada um tem sua própria caixa de ferramentas. Aqui neste livro, vou te ajudar a usar e incrementar a sua caixa de ferramentas.

O que quero dizer é que o poder está em você. É você quem vai usar as técnicas e se proteger contra a tristeza, o medo, o desânimo, a depressão.

Às vezes, parece que é mais fácil pensar negativamente, duvidar da nossa capacidade, do que pensar positivamente, acreditar que merecemos a felicidade. E o que é felicidade se não paz interior e bem-estar? *Veja mais sobre esse tema no capítulo 3: Eu mereço ser feliz.*

É como se a gente estivesse atravessando um túnel escuro e, de repente, percebesse que temos uma lanterna nas mãos. Ligar a lanterna e iluminar o caminho depende só de você.

Fácil de falar e difícil de fazer? Eu sei bem que o ambiente externo e, às vezes, até mesmo a família, parece não jogar no nosso time. Tudo pode nos abalar. Ao mesmo tempo em que nada pode nos abalar. Depende de cada um e das ferramentas que você possui em sua caixa. Depende de você acender a luz e se blindar.

## Por que ser otimista?

Estudos da Escola de Saúde Pública da Universidade de Harvard, nos Estados Unidos, concluíram que pensar positivamente aumenta a expectativa de vida. O estudo foi feito analisando dados de um grupo de 70.000 enfermeiras no período de 2004 a 2012. As mulheres que eram otimistas tinham 30% menos risco de morte por câncer, infarto ou problemas cardiovasculares e respiratórios.

Existem diversos estudos no mundo todo confirmando essa teoria.

Temos também a sábia contribuição de Seneca e seu Estoicismo: "Um homem é tão infeliz quanto ele acredita ser". Ele viveu na época de Cristo e proferiu reflexões profundas que aproveitamos nos dias de hoje. Nossa mente comanda nossa felicidade mais do que imaginamos.

Semana passada, eu estava respondendo ao comentário de uma seguidora em meu Instagram. Ela perguntou se deu certo a minha adaptação na Noruega. Eu respondi que fiz dar certo. Neste livro, você vai saber como eu uso o otimismo para fazer minha vida dar certo. Não sou livre de problemas, mas, quando eles acontecem, eu me lembro de usar minha caixa de ferramentas. Esse é o pulo do gato que vou te ensinar. Por falar em pulo do gato, um fato impressionante aconteceu com meu gato. Ele caiu na banheira cheia de água que eu preparava. Em menos de três segundos, ele conseguiu sair da banheira antes mesmo que eu pudesse ajudá-lo. Instinto de sobrevivência. As ferramentas certas nos auxiliam a manter nosso instinto de felicidade.

Nesse livro, não vou perder seu tempo explicando como o medo, a depressão, a reclamação, podem nos levar para o buraco, um buraco profundo. Isso nós já sabemos.

Eu vou te contar a minha história, como caí em depressão de inverno pela primeira vez na vida, quando vim morar na Noruega.

Vou compartilhar com você o que fiz para sair da depressão e as técnicas que desenvolvi e usei, e que funcionam.

O mais legal é que você vai testá-las aqui mesmo, de acordo com a sua personalidade e necessidade.

Eu as chamo de práticas.

E aí? Está pronto para embarcar nessa jornada feliz e duradoura? Para blindar sua alegria?

Então vem comigo.

# Capítulo 1

# FALTA DO SOL

Em janeiro de 2013, eu e meu marido (que é norueguês) nos mudamos para a Noruega. A cidade de Stavanger fica na costa sudoeste e é considerada a capital do petróleo. É uma cidade milenar, ao mesmo tempo tradicional e moderna, com pouco mais de 140.000 habitantes. Chegamos no meio do inverno.

Imagine que eu saí de um verão de quase 40 graus no Rio de Janeiro e desembarquei em um inverno de 0 grau na Escandinávia. Esse inverno, porém, foi bem bonito e ensolarado. Fazia, em média, menos dois graus celsius. *Mosvatnet*, o lago principal da cidade, congelou (fato raro para Stavanger). Sabe aqueles filmes de Natal americanos com neve, gelo, roupas e cachecóis, as pessoas patinando no gelo na natureza? Vivi tudo isso naquele mês.

Não tive problema com o frio nem com a diferença de quatro horas no fuso horário, afinal, eu tinha a luz do sol.

O ano todo foi de muita novidade e aprendizado. A primavera é emocionante. O verão é abundante de cores e vida. Aí chegou o outono. No início, as folhas mudando de cor pintam o cenário de forma artística. Novamente, eu me senti em um filme desses bem românticos.

Aí chegou o final do mês de outubro e a segunda parte do outono ficou diferente. Eram dias chuvosos e nublados. O vento cortava meu rosto e a chuva caía horizontalmente. Usei guarda-chuva uma vez e depois guardei no armário. Inútil tentar usar porque o vento era forte e virava o guarda-chuva pelo avesso.

Ao acordar, tudo estava escuro, como se fosse o meio da noite. Já eram quase oito horas da manhã. No inverno da Noruega, o sol aparece (quando aparece) depois das nove. Em Stavanger, você só não precisa acender as luzes dentro de casa entre as 11:00 e 14:00. Depois disso, vai escurecendo. Às 16:00 já é noite de novo. Isso em Stavanger, que fica bem ao sul. Imagina ao norte, onde o sol fica abaixo da linha do horizonte durante o inverno. Tão pouca exposição à luz solar provoca uma série de efeitos químicos no nosso corpo. Afeta os hormônios do sono e do bem-estar. É o sol que estimula a produção de vitamina D nas pessoas.

Você já se sentiu mal-humorado ou irritado em um dia nublado? Tem até aquela música da Adriana Calcanhoto: "Cariocas não gostam de dias nublados". Existem estudos mostrando maior incidência de alterações no humor diante da falta de luz solar.

A falta da luz solar prejudica a produção de endorfinas, que são hormônios do bem-estar. "Quando a luz do sol entra pelos seus olhos, ela estimula partes da sua retina que enviam mensagem ao cérebro para produzir serotonina. A serotonina aparentemente desempenha papel crucial para regular nosso humor, nossas emoções, nosso apetite e digestão. O corpo usa serotonina para enviar mensagens através das células nervosas". (publicação da Rede Pública de TV PBS da Carolina do Sul, Estados Unidos).

Eu não fazia ideia disso. De repente, sem razão aparente, comecei a deixar de sorrir. Meu dia a dia era bom. Não havia nenhum problema aparente. Nada havia mudado desde o final do verão. Eu seguia a mesma rotina diariamente. Pela manhã, estudava e arrumava casa, ia à academia ou ao supermercado. À tarde, ia para a escola de idiomas aprender norueguês. Já tinha amigas lá do curso. A gente se encontrava em uma cafeteria depois da aula e trocava ideias sobre a Noruega e nossa nova vida de imigrante. Depois eu chegava em casa e jantava com meu marido. A gente sempre se deu muito bem. Meu marido sempre foi carinhoso e companheiro. A gente aproveitava os fins de semana para fazer passeios legais em Stavanger. A minha casa era linda, bem do jeito que eu sonhei. Só que eu parei de sorrir.

Simplesmente, não sorria mais. E demorei para me dar conta disso. Até que percebi que algo estava errado, já que eu nunca fiquei sem sorrir antes na minha vida.

Foi em um dia chuvoso de novembro: Estava voltando de ônibus para casa. A minha colega conversava animadamente comigo e percebi que eu respondia séria. Ela estava me mostrando os braceletes refletores que usava, já que já estava escuro lá fora. Eu olhava para ela, mas não conseguia reagir ao que ela me dizia. Ela desceu do ônibus e eu tomei consciência de que algo estava errado.

Comecei a me estranhar. Por que eu não sorria, se não tinha nada de errado acontecendo? Fiquei pensando e quase perdi o ponto de descer do ônibus. Não estava feliz e não conseguia entender o porquê.

Eu me conheço bem. Na escola, tinha apelidos de Sorridente, Alegria. Sempre tive sorriso fácil. Encontrava graça e humor em qualquer ocasião. Assim como a maioria dos brasileiros que conheço. Não fujo à regra.

Por causa do autoconhecimento, percebi que essa não era eu. Algo estava errado comigo. Eu precisava agir, e rápido.

Fui investigar meu dia a dia mais a fundo. E fui percebendo que a Juliana do Rio de Janeiro, dos ombros curtidos do sol de Ipanema, não estava ali. Tinha outra Juliana no lugar.

Essa nova Juliana era uma que:

♦ Lutava para sair da cama de manhã;

♦ Lutava para sair de casa debaixo de chuva lateral e frio;

♦ Lutava para aprender uma língua totalmente diferente;

♦ Lutava para entender e encontrar seu lugar nessa cultura norueguesa tão diferente, tão reservada e fechada.

Aquela não era eu, nem de perto. E pior, era uma versão que não me fazia bem. Eu tinha que sair dessa. Senti medo de me ver naquela situação tão estranha e ruim. Mais uma vez, fui pega de surpresa por um inimigo que nunca havia imaginado que sequer existisse. O mais importante era descobrir: Como sair dessa?

No dia seguinte, voltando da aula de norueguês, liguei uma coisa à outra e cheguei à conclusão: era depressão. Eu estava no buraco e precisava me erguer.

Para subir de sintonia, o primeiro passo era dar uma risada.

Foi aí que mandei uma mensagem para um amigo querido lá do Rio de Janeiro:

"Rogério, me manda alguma coisa engraçada, por favor. Eu preciso rir hoje".

Ele me mandou um vídeo curto do Paulo Gustavo fazendo uma mulher exagerando na maquiagem. Soltei uma gargalhada no meio do ônibus. Quase como um grito de libertação. **Aquela gargalhada me salvou.**

A partir daquela gargalhada, comecei a subir os degraus em direção a me sentir bem de novo.

Eu me lembrei do juramento que fiz a mim mesma quando tive anemia. A resolução que mudou a minha vida. Meu divisor de águas. A frase veio imediatamente à minha memória: "Eu vou ser feliz independentemente das circunstâncias". Se tivesse o emprego dos meus sonhos ou não, se tivesse minha família ao lado ou não, se o sol brilhasse ou não.

Se o tempo em Stavanger não iria me ajudar, eu tinha que arregaçar as mangas e ajudar a mim mesma.

**Foi quando percebi que eu tinha que criar minha própria felicidade.**

E é o que você também vai descobrir agora. Como criar a sua própria felicidade.

Você já viu na televisão um grupo de pessoas fazendo aula de rir? Eu vi, há anos. Na época achei algo forçado, antinatural. Hoje, estudando os hormônios da felicidade, descobri que a gargalhada produz endorfinas. Na época que tive depressão, busquei a gargalhada como forma de me erguer do buraco em que estava. Eu nada sabia sobre esses hormônios. Era meu instinto de sobrevivência agindo quando mandei uma mensagem para meu amigo Rogério pedindo ajuda para gargalhar. Vê como tudo faz sentido? E como fico feliz de hoje poder ajudar você com minha experiência e as técnicas que aprendi ao longo desses anos.

Os quatro hormônios da felicidade são: serotonina, endorfina, dopamina e ocitocina. De acordo com a dra. Clarisse Bezerra, médica brasileira de saúde familiar, algumas maneiras de produzir endorfinas são: exercícios físicos, comer chocolate, dar gargalhadas, praticar contato íntimo com seu parceiro, praticar gratidão, ter boas lembranças do passado e ter bons planos para o futuro.

Segundo a BBC notícias, o lado ruim desses hormônios é que eles desaparecem do corpo (são absorvidos) cada vez que são utilizados. Ou seja, é preciso produzi-los novamente. Essa é mais uma razão para você experimentar as práticas desse livro e repeti-las com frequência até se tornarem um hábito cotidiano.

A boa notícia é que as práticas são todas voltadas ao seu bem-estar, ou seja, são prazerosas, e você vai adequá-las à sua personalidade e gosto pessoal.

Pronto para começar? Antes de irmos às práticas, exatamente com o intuito de personalizá-las, você precisa se conhecer.

Pode parecer bobagem, mas talvez você não se conheça tão bem quanto pensa. Eu farei perguntas ao longo do livro que precisarão ser respondidas para que cada prática fique melhor e mais adequada a você.

Você se lembra daquele filme com a Julia Roberts, "Noiva em Fuga"? No filme, ela foi noiva várias vezes e fugia do casamento a cada vez, na data da cerimônia. Ela entrava em pânico antes do casamento porque não sabia quem ela realmente era e o que queria. Tentava se adequar ao gosto dos noivos, cada um mais diferente que o outro. Foi preciso ficar sozinha e mergulhar em si mesma para descobrir quem ela era e do que gostava.

Pode parecer coisa de filme, mas acontece de verdade com muitas pessoas. A sociedade vai nos moldando e, quando vemos, estamos no emprego que surgiu, fazendo o que a sociedade espera de nós, muitas vezes nos endividando por bens materiais que nem sequer nos fazem felizes.

O autoconhecimento é a chave da felicidade porque ele nos dá estrutura para aguentar os percalços, as críticas, a pressão alheia. Para sabermos por que algo nos chateia mais do que deveria. Sabermos o que está por trás de uma reação abrupta, de um choro sentido, da raiva. Ele nos dá o caminho para a autoestima.

Cá entre nós, morar no exterior sem boa autoestima é como embarcar no Titanic sem colete salva-vidas. O risco de se perder de si mesmo é enorme.

Então venha se conhecer. Ficou com medo? É bastante comum ter essa reação ao sair da zona de conforto.

No próximo capítulo, eu apresento práticas.

# Capítulo 2

# VENHA SE CONHECER

« *Juliana, levanta da cama. Não é possível. São quase nove horas.* »

Achou que era a voz da minha mãe, quando eu era adolescente? Nada disso. Essa era a minha voz, aqui na Noruega. Eu dizia isso para mim mesma.

Era o meu primeiro inverno na Noruega e eu me sentia triste sem motivo aparente. Ninguém tinha morrido. Eu estava feliz no casamento. A Noruega é linda, mesmo no inverno. Tudo parecia bem.

Eu já fiz análise. Sou formada em teatro. Na escola de teatro, a gente entra em contato profundo com nosso eu interior, nossos medos, nossas vergonhas, nossa coragem, nossa vaidade. Tudo vem à tona.

Eu me conheço bem e, mesmo assim, foi difícil identificar que o que eu tinha era depressão. Nunca passei nem perto de me sentir deprimida antes.

Foi a questão de não sorrir que me chamou atenção.

É por isso que quero enfatizar que você precisa se conhecer para reconhecer o que está faltando e começar a blindar a sua alegria. Chegou a hora da sua primeira prática.

## ◆ **Primeira Prática:**

*Meu corpo fala. (tenha papel e caneta à mão)*

QUAIS SINAIS SEU CORPO ESTÁ ENVIANDO
PARA VOCÊ NESTE MOMENTO?

Primeiramente, pare o que estiver fazendo.

Sente-se numa posição confortável.

Como você gosta de se sentar quando quer conversar com alguém que ama? Faça assim, então.

Agora, feche os olhos para evitar distrações.

Observe sua respiração. Não interfira nela. Apenas observe. Ela é profunda ou rasa? Curta ou longa?

Você está trazendo ar e energia para dentro do seu corpo em quantidade suficiente?

Ao expirar, você está retornando bastante ar para o ambiente, ou só um pouco? Ainda está retendo gás carbônico nos pulmões?

Observe sua respiração durante um minuto, mais ou menos.

Agora observe seu corpo. Tem algum incômodo? Alguma dor? Algum desconforto ou boa sensação?

De preferência, anote o que vier à sua mente. É provavelmente seu corpo respondendo. Não elabore muito, só vá escrevendo o que vier à mente. Afinal, é só você que vai ler.

Se precisar de mais tempo, fique à vontade. O tempo é para você. O benefício é seu.

Quando terminar, pode ir para a segunda prática de autoconhecimento.

 

## ◆ Prática Espelho Meu

Quantas vezes a gente se arruma diante do espelho, por dia? Ao escovar os dentes, ao se maquiar, pentear, barbear, antes de sair de casa, etc.

Agora eu pergunto: quantas vezes você parou diante do espelho e se olhou nos olhos, para saber como você está?

Eu sou como você e sei bem como é. Na correria do dia a dia, a gente não tem tempo para ficar se namorando na frente do espelho. A questão é: não tem tempo ou não prioriza tempo?

Já percebeu como os bebês nos olham bem nos olhos? É assim que eles leem nossos sentimentos, aprendem sobre a vida, sobre o mundo.

Se você tem um bichinho de estimação, como gato ou cachorro, também já deve ter observado isso: eles nos olham bem nos olhos. Quando estou falando com meu gato e ele me olha nos olhos, largo o celular e faço o contato que ele procura.

Bom, agora é a sua hora.

Vá diante do espelho. Olhe-se nos olhos.

Esteja aberto. É você com você mesmo.

Olhe-se nos olhos.

O que você vê?

Qual sentimento vem à tona?

Qual sentimento está escondido e precisa de carinho extra?

Essas práticas devem te ajudar a entrar em contato com suas emoções e tornar mais fácil cuidar da sua autoestima.

Elas não substituem terapia com um profissional. Principalmente se seu caso já é de depressão. Depressão é uma doença que deve ser acompanhada por um médico e um psicólogo. Este livro não substitui tratamento médico ou psicológico. O livro é um auxílio ao autoconhecimento, com práticas de bem-estar preventivas ou que podem ajudar na recuperação de quem já está em tratamento.

Minhas técnicas são para trazer e manter alegria no seu dia a dia e mesmo prevenir a depressão.

Recomendo psicanálise para todos os seres humanos. Autoconhecimento só ajuda. Em todas as áreas.

## ◆ Prática da foto

Muitas vezes, a gente se olha no espelho, faz selfie com o celular, mas não usa tempo para nos enxergar na totalidade.   Muitas pessoas até fogem desse momento: um encontro consigo mesmas.

"Por que a prática da foto, Juliana?" Uma foto de corpo inteiro pode mostrar mais ainda sobre nós mesmos.

Nessa prática, vou te pedir para tirar duas fotos, de dois ângulos diferentes. Ambas de corpo inteiro. Coloque o celular em cima de uma mesa, a câmera virada para você. Se você não souber colocar a câmara em *timer* de 10 segundos, peça a alguém para tirar uma foto sua. Fique em postura normal, como se estivesse na fila do pão. Sem pose, sem aquele sorriso amarelo que usamos quando encontramos a vizinha. Tire uma foto de frente e uma de costas.

Você provavelmente vai se surpreender.

Agora vamos analisar as fotos. Como está a sua postura? Mãos no bolso? Escondida atrás do casaco? Curvada? Um pouco corcunda? Peito estufado demais, talvez? E os pés, olham para dentro ou para fora? Os joelhos se tocam? Essa prática não é para checar quem tem quilinhos a mais ou a menos. Ela é de autoconhecimento. Veja o seu corpo, sua linda casa que abriga sua respiração, sua gargalhada, seu choro, sua corrida apressada para pegar o ônibus, o avião. Seu corpo é valioso. Observe o que ele está te dizendo. Melhorar a postura? A verdadeira mudança vem de dentro para fora. A postura interna, de se aceitar como você é, de se valorizar. Ela começa dos seus sentimentos e vai se refletir no seu corpo automaticamente. Então bora cuidar das emoções! Que tal começar agradecendo ao seu corpo por abrigar você tão bem? Em silêncio, observando a respiração, dá para a gente sentir o coração bater dentro do peito. Sinta. Respire. Agradeça.

O autoconhecimento é a ferramenta mais importante da nossa vida. Digo isso porque é nos observando que podemos encontrar o que está nos afetando e por quê. A partir daí podemos procurar ajuda, agir, melhorar o que está em desarmonia, aprender, evoluir. As práticas de autoconhecimento deste livro podem ajudar você nesse primeiro processo. Ajudam também a quem já é iniciado. É fácil esquecer nossas ferramentas com a correria do dia a dia, se não as transformarmos em hábitos. Você pode repeti-las sempre que precisar, quando algo novo acontecer, por exemplo: mudança de endereço, mudança de emprego, gravidez, visita dos sogros.

Tudo bem até aqui?

Então vamos continuar.

# Capítulo 3

# LIDANDO COM AS DIFERENÇAS CULTURAIS

Nunca espere que um norueguês segure a porta aberta para você entrar.

É a pura verdade. Acabar com as expectativas de ser tratado na Noruega exatamente como as pessoas fazem no Brasil vai te ajudar a viver melhor.

Diferenças culturais podem deixar a gente confusa, indignada, triste, até mesmo se sentindo humilhada, sem necessidade.

Quando a gente coloca lentes brasileiras para enxergar a Noruega, pode ter expectativas irreais. Evite comparar dois países que são diversos em tudo. Exemplos: Comparar o clima tropical do Brasil com o clima frio da Noruega. A facilidade de falar com estranhos nas ruas que o brasileiro tem e o norueguês não tem. A espontaneidade do brasileiro. A pontualidade do norueguês. Sempre terão pontos positivos e negativos. Assimilar a realidade como ela é e fazer o melhor a partir daí pode nos evitar grandes frustrações e mesmo processos depressivos de inconformidade.

Muitas pessoas vivem comparando o antigo com o novo. Mesmo que seja um emprego novo, casa nova, namorado novo. A comparação é sempre injusta e irreal, pois um deles está no passado. Você já reparou que a gente tem a tendência de se lembrar só do que era bom? Eu sinto saudades do meu trabalho, na época em que era professora de inglês. Gostava dos alunos, dos colegas. Aí eu me lembro que tinha que acordar às 5:30h da manhã para pegar o ônibus para a Barra da Tijuca. Começava a primeira aula às 7:00h. Esse perrengue não me vem à cabeça imediatamente. Ficam as boas memórias. Quantas vezes você já ouviu a sua avó dizer: "No meu tempo não tinham essas confusões. No meu tempo as crianças obedeciam aos pais. No meu tempo as coisas funcionavam. Ninguém usava cinto de segurança e dava certo". Quer ver só? Pense em você dez anos atrás. Quais eram seus maiores problemas? E como estão esses problemas hoje? Aposto que a maioria deles você já nem se lembrava mais. O ser humano tende a se esquecer dos percalços do passado. É instinto de proteção. O que seria de nós se lembrássemos das amarguras o tempo todo? Por isso, comparar as lembranças do passado com a realidade de hoje não ajuda na hora de lidar com o dia a dia.

As boas lembranças ajudam, e muito, quando precisamos encontrar um lugarzinho de aconchego para nos sentirmos bem. Aí, sim. Inclusive, é recomendado pelos médicos que a gente traga boas lembranças no coração.

Viver no passado nos tira a chance de viver o que o presente nos traz de bom. "Não chores por ter perdido o pôr do sol, pois as lágrimas te impedirão de contemplar as estrelas". Quando escolhemos ver o momento presente como um presente, aprendemos a ser como as crianças. Se você convive com uma criança, sabe que elas vivem no aqui e agora. Ficam chateadas, choram, perdoam e riem logo após. Elas têm essa admirável leveza. Eu procuro trazer essa leveza para o meu dia a dia na Noruega. Isso nada mais é do que *mindfulness*, palavra inglesa que significa "foco inteiro no momento presente". Não estar aqui pensando em outro tempo e lugar. Ao longo deste livro, você vai ter oportunidades de praticar seu *mindfulness*.

Eu sempre adorei ver o por-do-sol. Neste dia, parei o carro e fui apreciar esse momento mágico. (fevereiro de 2021)

Agora que vimos a importância de estar no momento presente, nem sempre é fácil quando o presente é tão diferente da nossa zona de conforto. Estar interessado é o primeiro passo. Você já se observou. Agora é hora de observar o mundo à sua volta.

Já ouviu aquele ditado: "Em Roma, faça como os romanos"? Pois é meio assim, mesmo. Conheça o povo do local onde você mora. Os costumes, a história, antes de julgar. Isso vale também para quem muda de cidade ou até mesmo de escola, de bairro, de marido.

Ainda mais quem muda de país.

Dois irmãos gêmeos têm, geralmente, personalidades diferentes. Imagina um cidadão que nasceu em um país frio. Você quer que ele fale pelos cotovelos quando está menos dois graus lá fora? A gengiva congela! Isso já aconteceu comigo. Já ouvi falar que os noruegueses têm cara fechada. O clima interfere, e muito, no jeito de ser das pessoas. Claro que um pouco de cavalheirismo cairia bem aqui na Noruega. Meu ponto é que a gente precisa conhecer a cultura antes de julgar e condenar.

Aceitar a realidade.

No teatro, aprendemos um truque de improvisação que é aceitar a realidade. Na improvisação, a atriz está fazendo uma coisa (ação) com o objetivo de conseguir algo (intenção). De repente, as circunstâncias mudam. Aparece um impedimento, um problema. O que fazer diante do imprevisto? Ela precisa aceitar que o problema existe e lidar com ele para resolver a situação e conseguir alcançar o objetivo desejado.

Exemplo: A moça desce do elevador, chega em casa e, ao colocar a chave na fechadura, ela não gira. O que fazer? Ela não pode fingir que nada está acontecendo. Ela quer entrar em casa (objetivo) mas não consegue porque tem um problema (chave emperrada na fechadura). Precisa aceitar a realidade e lidar com essa situação. "Ok, e agora?", diz a atriz. E aí ela começa a improvisar.

Para chegar ao seu objetivo, ela precisa aceitar a realidade (o problema) e lidar com ela.

Aposto que você está agora tentando resolver o problema da moça com a chave emperrada. Será que ela errou de porta? Será que o namorado bravo trocou o segredo da fechadura? Será a chave errada? Se você pensou em alguma alternativa para resolver o problema da moça, já está me deixando muito orgulhosa. Significa que o livro está só começando e você já entendeu. É isso. Lidar com a realidade. Procurar soluções.

Fingir que não estou me sentindo triste, que não tenho dificuldades de me adaptar à vida na Noruega, que não sinto falta dos meus amigos, que está tudo bem, não vai me ajudar a alcançar meu objetivo: a sensação de alegria interna duradoura. Essa sensação que todos nós merecemos e podemos alcançar.

Eu uso esse truque para mim: aceitar a realidade e lidar com ela para encontrar uma solução. Sempre que algum problema surge de repente, eu paro, digo "Ok, e agora?", e parto para encontrar uma solução.

Isso é sabedoria de vida, que aprendi com meu professor de teatro, o diretor inglês David Herman.

**NOTA IMPORTANTE:** Óbvio que a tristeza vem, que ninguém deve tentar sorrir 24 horas por dia. O que quero dizer é que existe diferença entre dor e sofrimento. Entre chorar por dois dias e se lamentar a vida toda. Entre lidar com a falta do sol, buscando recursos, e xingar a Noruega toda, sentindo-se vítima durante todo o inverno, espalhando mau humor e tristeza.

### Atenção! Dica de ouro!

Vou resumir o que descobri sobre os noruegueses até agora:

Na Noruega, quando você PEDE AJUDA, você recebe. É isso. Aqui, você tem que ter voz ativa. É assim que funciona. Aqui não tem "achismo", nem "salamaleques". Eles são diretos. Vão direto ao ponto: "Você aceita um café?" Se você disser "Não, obrigada", pensando estar sendo gentil, eles aceitam imediatamente, viram as costas e seguem a vida. Um norueguês não vai ficar insistindo com você para aceitar um cafezinho. Se você for convidado para um evento e não puder ir, diga que não vai dar e pronto. Não tem que ficar explicando o porquê. Isso não é lindo? Eu adoro essa praticidade!!

### Outra dica de ouro!

Escolha pessoas positivas para você ficar por perto. Assim como existem brasileiros legais e brasileiros chatos, existem noruegueses legais e noruegueses chatos. Escolha boas amizades. Prefira a companhia de quem te faz bem, quem te põe para cima. O mal humor é contagioso, igual a um vírus como o da Covid. E, nesse caso, máscaras não adiantam. Se puder manter distanciamento, ótimo. Se não puder, aprenda a se blindar. Por outro lado, o bom humor também é contagioso.

Você provavelmente já deve ter atendido o telefonema de uma pessoa e estava alegre no momento. Ao final da conversa, já estava falando baixinho, desanimado. Também já deve ter experienciado o contrário. Encontrou uma amiga no shopping por acaso. Aquela conversa te deixou animado e cheio de energia. Tem uma razão. Nós influenciamos e somos influenciados o tempo todo. Muitas vezes não dá para escolher nossos colegas de trabalho, por exemplo. As amizades, a gente pode e deve escolher bem.

Na escola de norueguês, eu tinha uma colega que só reclamava. Todos os dias. Qualquer coisa que acontecesse, ela encontrava algo negativo. Um dia saí com ela pela cidade, para fazer algo legal. Estava tentando levantar o astral dela, mas ela continuava reclamando. Era outono, chovia há dias. Tudo estava cinzento. Se eu continuasse entrando na onda negativa dela, onde iria parar? Depois de um tempo, deixei de procurá-la. Observe suas amizades, quem te faz se sentir bem. As pessoas que somente focam nos problemas podem e devem receber nossa ajuda, orações, etc. Eu me refiro à convivência diária e como ela pode nos afetar.

Lembre-se de que estamos no SEU momento de BLINDAR SUA ALEGRIA.

Se você já viajou de avião, vai com certeza se lembrar da famosa frase dos comissários de bordo dando instruções antes de o avião decolar: "Coloque primeiro a sua máscara de oxigênio. Ajude depois as crianças e quem estiver ao seu lado". Como você pode ajudar alguém se já desmaiou por falta de ar?

Quando encontrei amigas alto-astral aqui em Stavanger, minha vida mudou para melhor. Uma vez eu disse para minha amiga colombiana, a Martha, que estava decepcionada porque os noruegueses não dançam. Sabe o que ela me respondeu?

"Juliana, querida, você está andando com as pessoas erradas. Eu dancei o final de semana todo aqui em Stavanger".

Tudo bem até aqui? Espero que sim. Agora vamos recapitular antes de partirmos para o novo capítulo em direção à sua alegria blindada.

- Observe-se,

- Reconheça,

- Tome atitude.

Agora que você já se observou e já reconheceu o que precisa melhorar, é hora de tomar atitude.

# Capítulo 4

# Decisão que muda a vida: Eu mereço ser feliz

Decidi que serei feliz, apesar das circunstâncias. Problemas sempre existirão. Sai um, entra outro. Em 2014, comprei um caderno de exercícios para elevar a autoestima, depois do tal tenebroso inverno. Ele me ajudou a entender que mereço ser feliz. Parece simples, né? E é. Só que não é fácil. Cresci numa cultura em que é pecado aparecer demais, ser feliz demais. Quem é rico deve ter roubado de alguém. Ser feliz no amor? Só nas novelas. A Cinderela sofreu horrores até encontrar o príncipe e a felicidade. (Cá para nós, que modelo de felicidade é esse, depender de príncipe para ser salva?)

Ao me observar e me conhecer melhor, descobri que não posso contar com uma autoestima tinindo, impecável, no alto dos altos por todo o sempre, de graça. Descobri que tem vários fatores que jogavam a minha autoestima e alegria para baixo, como a falta do sol aqui, no inverno, momentos em que me sinto vulnerável como imigrante, e vários minimomentos do dia a dia mesmo. Então caiu a ficha: preciso cuidar da minha autoestima e alegria, regá-las como se rega um jardim florido.

Bora arregaçar as mangas e fazer a nossa parte! Porque depende só de você, de mim, de cada um.

Se estou com baixa autoestima, qualquer coisa pode me ferir. Fico mais vulnerável. Exemplo: Estou com baixa autoestima e um motorista me fecha no trânsito. A probabilidade de isso me afetar, de eu me irritar e até mesmo ser agressiva com o sujeito, é muito maior do que se estivesse com minha autoestima no lugar. Se estiver me sentindo bem comigo mesma, o que vem de fora pode irritar, mas não me afeta tanto. Concorda? Tem dias em que nada parece nos abalar. Já outros dias, se alguém olha torto, a gente parece cair no chão.

O próximo passo é acabar com as crenças limitantes, como, por exemplo: a culpa por estar feliz em outro país, tendo deixado a família para trás. Muitos imigrantes sentem essa culpa.

Outro exemplo é a culpa por ter sucesso profissional. Com tanta gente com problemas econômicos, podemos ter a impressão de que sucesso não é para nós. "Quem sou eu para chegar lá?".

**Culpa não melhora a vida de ninguém. Nem a sua nem a dos outros.**
**Atitude positiva, sim. Melhora a sua vida, a minha e a de quem tem contato conosco. Mesmo a da família que está longe.**

Da próxima vez que a culpa bater à sua porta, não abra. Mande-a embora.

A culpa muitas vezes faz a gente se sabotar, pensar negativamente de nós mesmos. São pequenas coisas que a gente nem percebe. Estão no piloto automático do nosso dia a dia, como algum comentário negativo que fazemos quando engordamos "Quem mandou comer tanto bolo?".

Preste atenção quando se ouvir dizendo coisas negativas sobre si mesmo. A auto-observação vai ajudar muito na construção da nossa felicidade. Assim, evitamos cair em armadilhas de autossabotagem.

Experimente substituir palavras negativas por positivas. Veja se faz sentido para você. Como você se sente?

Agora que já se conhece melhor, já sabe que pode e deve ser feliz, vamos à parte mais gostosa deste livro.

As seis seções de prazer e alegria. Aviso: inclui comida boa. Já estou com água na boca. É hora do almoço aqui.

◆ Paz

◆ Amor

◆ e Alegria.

◆ O que te dá alegria?

A seguir, você vai ter acesso às minhas práticas para descobrir e exercitar a alegria.

São como se fossem exercícios, mas a diferença é que são agradáveis. Totalmente aconchegantes. Sabe por quê? Porque você vai seguir seu gosto, suas preferências.

É uma parceria do bem.

Vamos juntos?

Eu compartilho minha história pessoal e meus estudos.

E você vai adaptá-las à sua realidade.

Eu as dividi em seis seções para facilitar.

**Ali Blir Pra significa Tudo Vai Ficar Bem, em norueguês. Crianças norueguesas fizeram esse cartaz no verão de 2020 durante a pandemia do coronavírus para levar mensagem de esperança para a população. Esse era o slogan da época do lockdown por aqui.**

# Capítulo 5

# OUÇA

Você sabia que a música é considerada a única forma de arte capaz de nos afetar independentemente da nossa vontade?

Pense no som mais irritante que você já escutou. Algo como, por exemplo, o som do seu despertador, alguém gritando, metal arranhando um quadro da escola, uma buzina de carro. A nossa reação é imediata.

O mesmo acontece com sons BONS. Boa música tem o dom de levantar nosso astral.

De acordo com o psicólogo Sidnei Evangelista, dos hospitais Marcelino Champagnat e Universitário Cajuru, em Curitiba (PR), a música tem o dom de nos proporcionar o resgate da autoestima em momentos de sofrimento. Ouvir nossa música favorita pode nos remeter a um lugar de aconchego e felicidade. Funciona como uma máquina do tempo. A sensação é de nos transportarmos imediatamente para aquele momento bom. Eu, por exemplo, quando ouço Roberto Carlos cantando, lembro-me imediatamente da minha avó. É como se eu estivesse na casa dela, no dia de Natal, com toda a família reunida. O sorriso no rosto dela me faz sentir feliz e amada. É

**Deixe a felicidade entrar pelos seus ouvidos.**

impressionante. Chego a sentir o cheiro da casa dela, como se estivesse lá agora.

Nos hospitais da Noruega, a parturiente tem direito a tocar suas músicas favoritas na sala de parto. Aqui, o poder da música de trazer bem-estar é reconhecido cientificamente. Vocês têm uma chance para adivinhar qual cantor estava presente na minha sala de parto.

Por outro lado, músicas depressivas, com teor negativo de sofrimento e violência, podem nos influenciar também. É importante ficarmos atentos à letra da música que tocamos e cantamos com frequência. O que você costuma ouvir mais? Tenho uma amiga que só ouvia músicas de desamor. Ela vivia trocando de namorados e nunca estava feliz. Quando decidiu mudar seu padrão de pensamento, sentimento e comportamento, trocou também a trilha sonora. Percebeu que ouvia músicas que diziam que ela nada valia, etc. Começou, então, a ouvir músicas que enalteciam seu valor. Aos poucos, ela foi se sentindo poderosa, capaz de amar e ser amada. Parou de rimar amor com dor. Pouco tempo depois, reconheceu no colega de trabalho uma amizade que se transformou em amor. Fico emocionada todas as vezes que falo com ela. E você, como está seu padrão vibracional? Anda cantando aos quatro ventos: "You know that I'm no good"? A música de Amy Winehouse tem no refrão "Eu te disse que eu era problema. Você sabe que eu não sou boa".

Conversando com a natureza.

A música e os sons não afetam somente a nós, seres humanos. Tudo que é vivo é suscetível a bons a maus sons. Você conhece alguém que conversa com as plantinhas? São pessoas que tem "dedo verde". Elas conseguem cuidar de plantas tão bem que mesmo as mais trabalhosas se tornam belas e saudáveis. Existem as pessoas que conversam com os animais. Se você tem um gatinho em casa, sabe do que estou falando. A resposta das plantas e animais não vem na forma de palavras, mas em forma de flores, folhas verdes, um miado fofo.

As palavras têm força.

Você já deve ter ouvido falar isso. Algumas afirmações das nossas mães ficam para sempre grudadas em nossa mente. Quem nunca se lembra de pegar um casaquinho na hora de sair? E quando a professora diz: "Esse menino não tem talento". A criança que ouviu muitas críticas pode internalizar esse pensamento como sendo uma realidade. Depois de adulto, pode ficar difícil acreditar em si mesmo. Com as ferramentas certas, é possível mudar o padrão de pensamento e melhorar bastante.

Você já ouviu falar do cientista japonês Masaru Emoto? Ele fez experiências com as moléculas de água. Ele submeteu certo volume de água a diversos sons, palavras e pensamentos. Ao serem expostas a palavras ruins, como xingamentos, as moléculas reagiram, tornando-se feias e disformes. Ao mesmo tempo, aquelas moléculas de água que foram expostas a música clássica e palavras positivas reagiram de forma positiva. Sua aparência ficou límpida, em forma de cristais maravilhosos. Veja um exemplo nessa foto. É uma molécula de água vista por um microscópio assim que foi exposta ao som de uma palavra boa.

Se palavras, música e sons podem transformar as moléculas de água, e se o NOSSO CORPO é composto em grande parte (70%) de água, você pode concluir os benefícios de bons sons na sua vida.

O melhor de tudo isso é que podemos controlar parte do que ouvimos ativamente. Se não está ao nosso alcance educar os outros motoristas no trânsito, podemos escolher cantar música boa em vez de xingar e praguejar. A escolha está em nós. A maior parte dos sons que ouvimos ativamente está ao nosso alcance e controle.

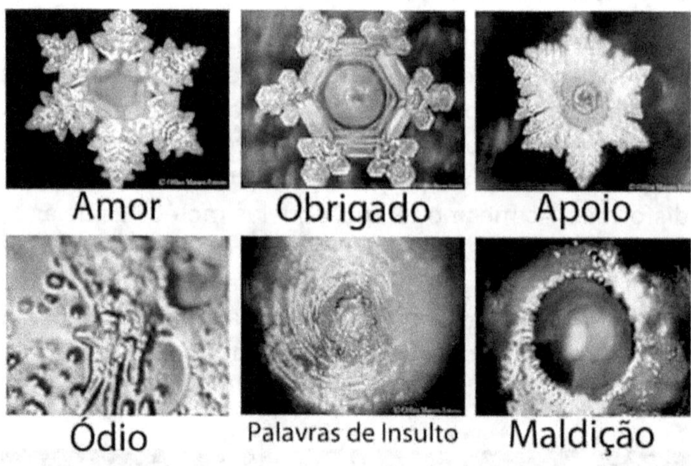


Trago aqui três maneiras para você ouvir ativamente bons sons. Por ouvir ativamente eu quero dizer não somente escutar, mas ouvir prestando atenção, com consciência.

A primeira delas é selecionar os sons que você escuta e só prestar atenção naqueles que fazem você se sentir bem. Como exemplos, temos os sons da natureza (cachoeira, pássaros), risadas de bebês, a voz da pessoa amada, etc.

Segunda: ouvir músicas de teor alegre, positivo. Músicas que te fazem sentir bem. Vale canções novas e antigas. Você já parou para prestar atenção às letras das músicas que você anda cantando ultimamente? Lembra-se da história da minha amiga, que fez terapia, mudou de sintonia, fortaleceu a autoestima e também trocou o tipo de músicas que ouvia? Faz sentido para você? Experimente cantar músicas consideradas baixo--astral e observe como você se sente. No dia seguinte, faça o oposto, ouça só músicas de teor alegre. Observe como se sente. O melhor deste livro é que você não tem que concordar e acreditar no que eu mostro aqui. Eu apenas te aconselho a experimentar e observar se faz sentido. Como criadora de conteúdo no Instagram, eu só uso músicas que me agradam quando faço Reels ou Stories. Nunca uso músicas de baixaria e violência, mesmo que estejam na moda.

Terceira: diga você mesmo afirmações positivas, todos os dias. Preste atenção quando fizer essas afirmações.

Teoria explicada. Vamos ao caminho das pedras. Agora vou dar a minha receita para você experimentar.

## ◆ Prática do ouvido seletivo

Feche os olhos, agora, exatamente onde você está. Deduzo que você não esteja dirigindo enquanto lê este livro. Feche os olhos e observe que sons consegue escutar neste momento. Quais desses sons são agradáveis e quais são desagradáveis? Como se fosse um *dimer*, que aumenta ou diminui a frequência da luz, faça isso com sua audição. Aumente o volume do que é bom e reduza o volume do que é ruim. Isso é uma prática. Com o tempo, vamos nos aprimorando e vai ficando mais fácil focar somente no que soa bem.

Você já reparou que, na praia, a gente não pode deixar de ouvir a fofoca na barraca ao lado? Os vendedores ambulantes passando. As crianças rindo e chamando pelos pais. Com o tempo, vamos sintonizando menos para os vendedores e mais para a fofoca ao lado que está interessantíssima. Se estivermos lendo o jornal ou um livro, conseguimos, muitas vezes, nos abstrair dos sons externos. Quando mergulhamos dentro do que estamos fazendo, esquecemos do resto. Assim, podemos fazer o mesmo com sons indesejáveis. A não ser que a obra do vizinho tenha 90 decibéis.

Quando você trabalha com crianças em uma escola (como eu), ou se você é mãe de uma criança (como eu), você sabe bem o que a expressão "ouvido seletivo" quer dizer. A gente dá um comando, diz o que a criança não pode fazer. Um minuto depois, a criança foi lá e fez o que não deveria. Ela escutou você falar, mas tem ouvido seletivo. Escutou, mas não prestou atenção. As crianças realmente têm muito a nos ensinar.

Por onde começar a treinar nosso ouvido seletivo? A natureza é considerada o elemento que nos transmite paz e serenidade. Experimente estar em contato com a natureza. Muitos áudios de meditação usam os sons da natureza para relaxar e desestressar. Barulhinho da chuva, de um riacho, sons dos passarinhos cantando. Quando fizer uma caminhada, preste atenção aos sons da natureza. Quem mora perto de um parque ou floresta tem essa vantagem. Mesmo que você more em uma cidade grande, procure focar nos sons da natureza. Apenas fique aberto e atento aos sons que te transmitem paz e alegria. Você pode buscar no seu computador ou aplicativo: sons da natureza. Eu costumo usar essa ferramenta enquanto faço comida. O ambiente fica mais sereno e propício a bons alimentos.

Ignore os sons irritantes que porventura surjam. Selecione o que você vai ouvir. Uma coisa é escutar.

 

Escutamos barulhos sem querer. Outra coisa é ouvir: é quando prestamos atenção naquele som.

## ◆ Prática da Música do Bem

Chegou a hora da *playlist* que vai te alegrar.

Que tipo de canções levantam o seu astral?

Axé, pagode, pop, música clássica? Um pouco de cada?

Faça uma lista com 10, 20, 30 músicas, e ponha para tocar. Cante junto e sinta seu peito vibrando. Ponha a mão no alto do tórax para sentir a vibração. Essa vibração é como se fosse um tipo de massagem. Cantar vai maximizar o efeito. Depois de uma hora ouvindo música boa, seu corpo vai mostrar resultados.

Lembre-se de escutar música do bem enquanto faz comida, limpa a casa, de manhã, antes de começar as atividades do dia. Assim, você já coloca logo qual é o ânimo que deseja para aquele dia. A maneira de acordar pode influenciar boa parte do nosso dia. O despertador te irrita e você já acorda incomodado? Mude o toque do despertador. Troque o som repetitivo por uma música. Vai depender do seu gosto, se a música é animada ou tranquila. Experimente e veja como se sente.

Lembra da introdução desse livro, quando falei sobre o divisor de águas na minha vida, quando descobri que estava com anemia profunda? Uma das ferramentas para me reerguer e trazer alegria foi fazer um CD só com músicas alto-astral. Sim, um DC. Eu sou daquela época. Dei ao DC o nome: CD da Juliana Alegre. Selecionei somente as músicas cujas letras eram do bem. A melodia era alegre e os dizeres também. Coisa que, antes, eu nem prestava atenção.

Está sem ideias? Quer saber quais são as minhas músicas alto-astral, "levanta e sacode a poeira"?

Tenho uma colinha para você começar.

Eu preparei uma *playlist* (lista de músicas) no Spotify, para levantar o astral. São músicas variadas, brasileiras e internacionais, como:

Let's Get Loud. Jennifer Lopez

Sexy Yemanjá. Pepeu Gomes

Dancing Queen. ABBA

Don't Stop me Now. Queen.

Tempo de Alegria. Ivete Sangalo.

Dançarina. Pedro Sampaio e Anitta.

Lá vem o sol. Lulu Santos.

Friday I'm In Love. The Cure.

Lá, também incluí músicas daquele meu CD.

*Para ouvir minha lista de músicas,*
*é só acessar o QR Code abaixo.*

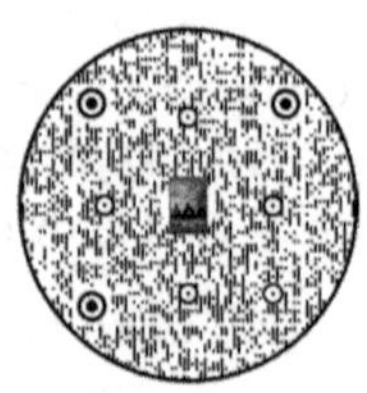

## ◆ Podcast

A novidade que está se popularizando cada vez mais são os *podcasts*. Para quem ainda não aderiu, vale a pena dar uma escutada. São como programas de rádio gravados, que você escuta. Neles, o foco não é música, mas bate-papos com celebridades ou pessoas comuns. *Podcasts* são feitos, geralmente, em episódios. Eles têm todo tipo de temas e entrevistas com convidados.

Procure um tema que te faça sentir bem e experimente. Canais como o Youtube mostram *podcasts* com vídeo. Para quem curte escutar *podcasts* enquanto arruma a casa, o Spotify é uma boa pedida. Aqui na Noruega, os *podcasts* já são queridinhos de muitos noruegueses. Os de humor fazem bastante sucesso.

Eu tenho recebido vários pedidos de seguidores para fazer um *podcast*. Quem sabe no próximo ano?

## ◆ Prática das afirmações ou mantras

A frase que todas as pessoas que conheço gostam de ouvir é: Eu te amo. Algumas delas passam anos esperando ouvir essa frase dos pais ou do namorado. Que tal ouvir de você mesmo? Afinal, o seu grande e verdadeiro amor não é aquele com quem você nasce e morre? Quem está com você em todos os momentos? Amar começa pelo amor-próprio. Quando a minha prima Cristina engravidou do primeiro filho, ela ligou para a minha mãe e perguntou o que ela poderia fazer para ser uma boa mãe. A resposta da minha mãe foi: "Ame-se".

Se eu não me amo, como posso amar outras pessoas?

Como usar frases de efeito para levantar o astral? Você se lembra da Nazaré, da novela "Senhora do Destino"? A personagem icônica da Renata Sorrah ainda é meme nos anos 2022. Vinte anos depois de a novela ter ido ao ar. Eu me lembro que ela parava na frente do espelho, admirando-se, e dizia frases de auto valorização, como: "Gostosa pra caramba". É por aí.

**Afirmações.**

Encontre o que você gosta em seu corpo e na sua personalidade. Faça uma lista de pontos positivos e **diga** em voz alta para você mesmo.

Quando repetimos para nós mesmos que não somo capazes de algo ou criticamos nossos próprios erros, estamos fazendo afirmações negativas. Ao longo do tempo, elas representam boa parte da nossa vida. Que tal, em vez disso, escolhermos fazer afirmações positivas? Em vez de nos culparmos pelos erros, agirmos para resolvê-los e melhorar. Se melhorei em alguma coisa hoje, por que não me parabenizar por isso?

Se você foi mais ágil no seu trabalho hoje, dê-se os parabéns. Ajudou um idoso a travessar a rua? Dê-se os parabéns. Conseguiu não levar adiante uma fofoca? Dê-se os parabéns. Cuidou bem da sua saúde hoje? Dê-se os parabéns. Foi um bom amigo para quem precisava? Dê-se os parabéns. Diga: sou ótimo amigo. Consigo ajudar os outros. Sei cuidar da minha saúde. Tenho olhos lindos. Tenho braços fortes. Sou bom filho. Sou capaz de aprender coisas novas.

Agora é a sua vez. Escreva frases afirmativas que comecem com:

**Sou capaz de...**

**Hoje eu consegui...**

**Adoro meus/minhas...** (parte do seu corpo).

**Mantras.**

Mantras são repetições de sons e afirmações positivas com o objetivo de promover saúde física e mental, reduzindo níveis de estresse, desânimo e ansiedade. Monges budistas usam mantras como parte de sua sabedoria milenar. O mais famoso, do qual você provavelmente já ouviu falar, é o mantra OM. Estudos universitários avaliam a prática do mantra OM durante dez minutos ao dia como sendo fator de melhora no ânimo e na redução da ansiedade. *Veja minhas referências ao final do livro.*

**Mantras podem ajudá-lo a praticar o estado de presença ou mindfulness, a concentração e foco nos seus pensamentos e sentimentos positivos.**

Além do mantra OM, descobri três mantras que me levantam o astral e a vibração de imediato. Vou compartilhá-los aqui com você.

**1. Eu vou vivendo e achando bom.**

Este mantra me ajuda a ajustar o foco. Afinal de contas, especialistas afirmam que todos temos 50% de coisas boas e 50% de coisas ruins na vida. Cabe a nós escolhermos em que focar.

Uma pesquisa europeia concluiu recentemente que as pessoas que pensam positivamente sobre a vida têm mais chances de serem longevas do que as que pensam negativamente.

Como usar esse mantra de forma prática? De manhã cedo, eu o digo para me preparar para o dia que está começando.

**2. Eu sou Luz.**

Sabe aquela hora em que você ouve uma crítica do

seu chefe? Ou do seu parente? Quando uma situação de crise aparece e você se sente sem chão? Eu uso este mantra em momentos difíceis em que procuro uma base, meu centro de autoafirmação, respostas e conexão com Deus.

### 3. Hoje eu agradeço por...

Estudos científicos comprovam que a gratidão traz sensação de paz e plenitude. Eu uso este mantra, "hoje eu agradeço por...", cotidianamente, mas também em situações de emergência. Assim que algo ruim acontece, procuro rapidamente três razões para agradecer. Pode ser gratidão por algo à minha volta ou dentro de mim. Coisas simples como a capacidade de ver e ouvir, ou os batimentos cardíacos. Bênçãos que não damos valor no nosso dia a dia.

Meu tio avô era a pessoa mais grata que já conheci. A simplicidade dele era admirável. Eu adorava me encontrar com ele, pois sempre tinha boas lições de vida. Um dia, durante o almoço em família, ele disse que estava muito satisfeito com os novos armários do seu quarto. Ele dizia que acordava de manhã, olhava para os armários e se sentia feliz. "Que armários fantásticos!", ele dizia. Algumas pessoas riam. Enquanto isso, eu o admirava. Quem será que era mais feliz? Meu tio, que se sentia grato, ou quem zombava dele?

Procure experimentar os três mantras. Um a cada dia. Observe como se sente. Os exemplos são ótimos guias, mas vai depender da sua personalidade e gosto. Com o tempo, você vai encontrar os mantras que funcionam para você.

Experimente os meus exemplos durante vinte e um dias. Observe como você se sente. Depois desse período, saberá o que combina mais e te faz bem. Pode criar um mantra todo novinho em folha também.

Aquela afirmação te traz paz? Alegria? Ou te deixa constrangido? Se está forçando e não está natural, então procure outra frase. Vale buscar cola nas músicas de Roberto Carlos, Marisa Monte, Caetano Veloso, etc. E também nas poesias de Clarice Lispector, Cecília Meireles, Carlos Drummond de Andrade, etc.

**Escreva aqui um mantra para praticar diariamente. Marque um ✓ ao lado de cada dia que você praticou e se sentiu melhor depois da prática. O ideal é praticar por 21 dias consecutivos. Tenha esse compromisso com seu bem-estar.**

# Capítulo 6

## VEJA

Você já ouviu a expressão: "O gado engorda é com o olho do dono"? Tudo no que colocamos atenção, cresce. Ao sair na rua, o que vemos? Se olharmos para baixo, temos a calçada. Se olharmos para frente, vemos outras pessoas, o caminho, os carros à volta. Se olharmos para cima, vemos o céu. A cada momento, escolhemos para onde olhar, em que colocar nosso foco. Algumas pessoas olham para baixo e prestam atenção no cocô de cachorro. Escolhem ficar chateadas com donos de cachorro sem educação. Outras pessoas olham para baixo e prestam atenção nas flores nos canteiros. Escolhem sentir gratidão pela natureza generosa. A escolha é de cada um de nós. Tem gente que não perde um acidente na rua. Para tudo só para ver. Aí fica com aquela visão trágica dentro da cabeça o resto do dia.

Vivendo aqui na Noruega, comecei a reparar mais nas tonalidades e na gama de cores que existem. Temos cores fantásticas tanto no Brasil tanto na Noruega, quanto no mundo. O problema é que temos falta de cores aqui no final do outono e inverno. Essa falta me fez enxergar a abundância. As folhas caem no outono. No inverno, temos árvores peladas e grama seca no chão. Aí, entra a primavera. As folhas nascem novamente, em um verde claro tão encantador! Já reparou como o mundo é cheio de cores? E que cada cor pode nos trazer uma sensação diferente? O verão na Noruega tem uma abundante variação de cores: o céu azul, os tons de verde na grama, nas folhas, na montanha, os tons de terra, as paletas coloridas das flores conhecidas e das que eu não conhecia no Brasil. Uma fartura para os olhos. Já o inverno na Noruega costuma ser bem cinza. Aqui na minha cidade não costuma nevar. O céu fica cinza em grande parte do inverno. Isso me deixa mais introspectiva. Sinto que a abundância de cores do verão norueguês me deixa naturalmente mais animada. É aquela alegria que vem de graça, sem esforço.

Preencha sua vida com cores que te tragam alegria e bem-estar. Qual é a sua cor favorita? Escutei essa pergunta de uma menina de seis anos. Tive que pensar rápido, já que ela aguardava a resposta com olhinhos ávidos e interessados. "Verde", respondi convicta. "Será isso mesmo?", pensei. Se eu tivesse que usar só verde todos os dias, ficaria feliz? Decoração verde, comida verde. Pensei em uma cor favorita como se ela excluísse as outras. Por favor, não faça isso. Minha proposta para você é descobrir a cor que mais te traz alegria HOJE. É uma prática prazerosa. Muita gente não faz ideia de que sensação cada cor traz para ela. Cada pessoa é única. E temos dias únicos também.

Você já ouviu falar de Cromoterapia? Existe uma infinidade de estudos pelo mundo todo mostrando como as cores interferem em nosso ânimo e estado mental em geral. Ainda não há conclusões sobre os efeitos de luz de determinada cor relacionada ao alívio de fibromialgia e outras doenças. Médicos como o dr. Mohab Ibrahim, PhD, MD, associado e professor de anestesia na University of Arizona College of Medicine, em Tucson, Estado Unidos, afirmam que cores tem efeitos biológicos e psicológicos nas pessoas. Está cada vez mais difundido o uso de luz terapia em pacientes com depressão sazonal, por exemplo. Também há tratamento de luz azul em bebês prematuros nos hospitais. Há terapia de luz em bebês com alto nível de bilirrubina no sangue. A icterícia é tratada com fototerapia, ou seja, o bebê fica em um tipo de berço, exposto à luz azul.

A cromoterapia é uma ciência que não deve ser aplicada por leigos. Aqui, neste livro, apenas quero que você atente para a questão: que tipo de cores trazem alegria a você e que tipo de cores tendem a deixá-lo desanimado e triste. Quando temos consciência do efeito das cores no nosso ânimo, podemos usá-las como aliadas.

Perrengue. Vou te confessar uma coisa. Para escrever este livro, eu fiz pesquisas e pesquisei também a mim mesma. Muito. Você acredita que tive uma overdose de vermelho? Sim. Foi no inverno passado. Eu andava muito atarefada no trabalho. Chegava em casa sem energia e tinha que dar conta da vida particular, como todo mundo. Em vez de exagerar no café, exagerei no vermelho. Isso mesmo. Doideira, né? Mas foi o que aconteceu comigo. Usei roupas vermelhas todos os dias, durante oito dias. Nos últimos dois dias, comecei a sentir dores de cabeça e sinais de estafa mental. Estresse. Moral da história: não podemos apostar todas as fichas em um só prática, nem a repetir indiscriminadamente, sem parar e refletir.

As práticas são para serem feitas dia a dia, com você se observando, vendo o que te faz bem. Com o tempo, isso fica mais simples, mais fácil, você vai ver.

Os olhos são a janelas da alma. Já ouviu essa frase? Então escolha o que levar para sua alma. Alimente seus olhos de coisas boas, que fazem bem. Para quê ficar assistindo cenas de violência? Traga consciência às suas atividades diárias, até mesmo ao que você assiste na TV.

Vamos nos cercar de beleza e leveza.

Fotos e quadros. Você tem fotos bonitas? Talvez da sua infância ou de uma viagem inesquecível? Olhar para elas te faz bem? Então que tal colocá-las em um porta-retratos, = na porta da geladeira ou na mesa de trabalho? Sua vida, seu gosto, sua rotina. Você escolhe.

Está precisando de um SOS? Então espalhe fotos e desenhos bonitos pela casa. Ponha-os no espelho do banheiro, no seu quarto, para serem a primeira coisa que você vai ver pela manhã.

Maquiagem e autocuidado. Eu costumo usar mais maquiagem no inverno. Está tudo tão escuro e cinza lá fora que eu compenso trazendo mais luminosidade para o meu rosto. Também uso brincos, colares, braceletes. Alguma bijuteria que me lembre uma amiga, por exemplo.

Também adoro um esmalte. Acho uma delícia olhar para minhas mãos enquanto escrevo, cozinho, abro a porta, tendo esmaltes bonitos. Isso me anima e me dá confiança. Aumenta meu amor-próprio.

TENHA SUAS CORES FAVORITAS À SUA VOLTA. Seja nas roupas, acessórios, decoração, enfeites de mesa, etc.

Guia para te ajudar a perceber suas cores favoritas:

- Você prefere cores neutras ou vívidas?

- Tem uma blusa rosa-choque? Coloque-a e se olhe no espelho. Como você se sente hoje, com essa blusa?

- Tem uma blusa branca? Coloque-a e se olhe no espelho. Que sensação vem à tona? Quer sair de branco hoje?

Quero que você tenha consciência do que faz a cada dia. Isso é importante para seu autoconhecimento. Esse é o caminho para encontrar bem-estar todos os dias, apesar dos problemas e dificuldades que possam surgir.

 

Problemas sempre virão. A diferença é que você estará inteira, sabedora do seu bem-estar. Será mais fácil manter-se inteira e voltar ao bem-estar mais rapidamente. Ao perceber que ficou de baixo-astral, será mais fácil identificar o que houve e usar suas ferramentas para trazer a alegria de volta. Assim se constrói uma alegria blindada.

## ◆ Prática da contemplação

Sente-se em um lugar confortável, de preferência em meio à natureza. Dedique dez minutos a não pensar em nada. Somente observe a paisagem, o que acontece à sua volta. Passarinhos voando, pessoas passando, folhas se mexendo nas árvores, com o vento. Apenas contemple a natureza e suas cores. Deixe o bem-estar vir até você. Sem esforço. Naturalmente. Só abra os olhos, respire e deixe-o entrar.

## ◆ Prática da televisão

Nem pense que sou dessas que diz que televisão não presta. Presta, sim, se a gente escolher o que assistir.

Nesta prática, você vai passar um dia inteiro sintonizado no alto-astral. Nada de noticiários, nada de violência e vingança. Escolha somente programas chamados "água-com-açúcar". Se começar algo violento, troque de canal. Nem mesmo as propagandas devem ser negativas. Só alegria.

Antes de ir dormir, desligue a tv e o celular. Afaste-se dos eletrônicos. Se quiser, pegue um livro leve para ler. Ou então ouça uma música relaxante. Pode ser no rádio, internet, você escolhe. Ao se deitar, observe como você se sente. Qual é o seu estado agora? Tranquilo e relaxado? Preocupado e ansioso? Se a prática funcionou para você, repita-a mais um dia na semana, até que ver programas do bem se torne um hábito gostoso, que vai te levar a dormir bem e se sentir revigorado. Aqui na Noruega existe um programa de TV chamado "Boas Notícias" (Gode Nyheter). Ele dura meia hora e só mostra notícias boas.

## ◆ Prática da arrumação

"Juliana, você está me recomendando arrumar a casa?" Sim, estou. Há pessoas mais visuais, que não suportam ver coisas fora do lugar, a casa bagunçada. Outras, não ligam tanto, preferem usar seu tempo e energia em outras coisas. No caso desta prática, você vai escolher um cômodo da sua casa que use muito frequentemente, como o banheiro, por exemplo.

Entrar em um ambiente organizado geralmente causa efeito positivo nas pessoas. A harmonia das cores é um componente importante. Não é à toa que exposições de decoração, como a Casa Cor, sejam tão populares.

O oposto acontece com ambientes sujos e desorganizados. Se você já visitou um abrigo de pessoas viciadas em drogas, provavelmente ficou impressionado com a disposição dos móveis, roupas e objetos. Pessoas desalinhadas consigo mesmas tendem a refletir essa desarmonia no ambiente em que vivem. Como sentir beleza e aconchego quando você nem consegue atravessar a sala sem pisar em comida e objetos? E quando você visitou aquela amiga que tem a casa limpa, perfumada, com bom gosto para decoração? Como você se sentiu?

Agora, chegando ao ponto: arrume um cômodo da sua casa. Pode ouvir música boa enquanto faz isso. Se quiser dicas de arrumação, recomendo a série da Marie Kondo. Se você é como eu e não tem muito tempo no dia a dia, marque um horário. Por exemplo: das 18h00 às 19h00 eu vou arrumar as gavetas do meu guarda-roupa. Coloque alarme no celular. Escolha um tempo que combine com sua dinâmica familiar. No dia seguinte, ao abrir as gavetas, verá que será mais fácil encontrar o que procura, além de ter um visual agradável. Isso também se reflete no humor do nosso dia.

# Capítulo 7

# CHEIRE

Aproveite para exercitar o olfato aqui também. Em Stavanger, cidade onde eu moro, o outono tem um cheiro diferente. É especial. Difícil de descrever. Algo diferente do que já senti no Brasil. Já o verão, estando próximo ao mar, sinto aquele cheiro de maresia que me encanta. E o cheiro de terra molhada, então? Cheiro de infância.

Uma vez, fui a um museu e uma das salas era a dos cheiros. Eram vários tubos transparentes, cada um com um cheiro específico: café, ovo podre, baunilha, terra, chocolate. Eram vários tipos diferentes. Alguns me despertavam o apetite. Outros me davam repugnância. Você já visitou um lugar assim?

Muitas pessoas dizem que se sentem bem quando algum aroma lhes faz relembrar a infância. Pode ser um perfume que a vovó usava, ou cheiro de bolo quente, de uma planta ou flor.

Que mãe não adora sentir o cheirinho dos filhos quando pega os travesseiros deles? As pessoas têm seu cheiro próprio, não é mesmo? Eu fazia isso toda vez que a minha mãe viajava. Eu ia até o travesseiro dela e cheirava. Que sensação de aconchego maravilhosa!

## ◆ Prática do melhor aroma conhecido

Hoje, você vai identificar quais perfumes, aromas, te fazem sentir bem. Abra o armário do banheiro. Condicionador, creme de barbear, creme para as mãos.

Vá até a cozinha. Cheire um vasinho de ervas que tenha por perto. As frutas. Qual aroma te agrada mais?

E os aromas exóticos, então?! Algumas pessoas gostam do cheiro de esmalte de unhas. Outras gostam do cheiro de gasolina. É algo muito pessoal. Por isso, vale ter esse momento para descobrir seus aromas favoritos. Assim que tiver sua lista de favoritos, use-os no seu dia a dia. Pode ser que você prefira o perfume de um condicionador de cabelos a outro. Um creme para as mãos com cheirinho melhor? Então para que usar o outro, cujo cheiro te desagrada? Eu tinha um creme para os cabelos de ótima qualidade, mas o cheiro me desagradava. Era daqueles cheiros que ficam impregnados no cabelo até dois dias depois. Isso me incomodava. Doei o creme para minha amiga que gostou do cheiro. Cheiro é algo muito individual.

Em agosto deste ano, no final do verão aqui na Noruega, fiz sachês de gaveta usando panos de prato antigos e as lavandas que tinha no jardim. Saí distribuindo os sachês pelas gavetas aqui de casa e nem pensei mais no assunto. Ontem, quando fui arrumar as gavetas do meu quarto e tirei tudo para poder organizar, que sensação deliciosa foi sentir aquele perfume de lavandas quando eu menos esperava. Coisas assim são a purpurina do nosso dia a dia. Concorda?

Outra boa dica é colocar velas aromáticas no banheiro. Assim, você deixa o banheiro cheiroso para o próximo usuário. Acho isso uma atitude elegante.

Depois de dar uma volta dentro de casa, abrindo potinhos e cheirando tudo, a segunda prática é:

# ◆ Prática dos cheiros novos

Há vários recursos que utilizam o olfato para prover bem-estar. Vou citar aqui incenso, aromaterapia e perfumes.

De tradição milenar, muitas pessoas se sentem bem quando acendem incenso. Pode ajudar na prática de meditação. Pode melhorar o aroma na casa. Existe uma infinidade de incensos que você pode comprar em lojas de produtos naturais. No rótulo está a recomendação de cada tipo para cada objetivo. Siga as recomendações e esteja sempre presente enquanto ele estiver aceso.

Dica simples: pegue uma maçã e um pacote de cravos. Espete os cravos, um a um, na maçã. Deixe-a em cima de um pires, em um cômodo da sua casa. O perfume vai se desprender e você vai se surpreender.

AROMATERAPIA é uma técnica que usa aromas para acalmar, energizar, harmonizar.

A lavanda é conhecida por ser auxiliar no relaxamento e equilíbrio emocional. Já passou óleo de lavanda nos pés antes de dormir? Que tal pingar duas gotas de essência de lavanda no travesseiro? Que sensação isso traz a você?

Perfume novo. Já está cansado do seu perfume antigo? Compre um novo. Dá para testar antes. Teste primeiro e passe o dia todo com ele no punho. Continua ótimo, o aroma? Então ele está aprovado. Minha experiência é: nunca compre perfumes às pressas, nem por indicação de amiga. Cada essência reage com cada pele de forma diferente. O perfume da sua amiga não necessariamente combina com a sua pele. E vice-versa.

Vamos continuar incrementando a sua caixa de ferramentas?

Então venha comigo.

# Capítulo 8

# SINTA

Na Noruega, existe o adjetivo *koselig*, que significa "aconchegante". E o verbo *å kose seg*, que significa "aconchegar-se".

É parecido com a palavra dinamarquesa: *Hygge*.

Os noruegueses conhecem bem os desafios do inverno nórdico. Por isso, eles se tornaram excelentes no quesito aconchegar-se.

A decoração de interiores norueguesa inclui mantas de lã sobre sofás e poltronas, e velas, muitas velas. De diversas cores e tamanhos, elas enfeitam beirais das janelas, mesa de jantar, mesinhas laterais também.

Trazer aconchego para você e sua casa é também trazer aconchego para a alma.

## • Prática da presença

Vamos começar do simples. Eu estou aprendendo a cada dia o valor da simplicidade. Trazer aconchego para a nossa vida pode ser simples como uma xícara de café de manhã. Eu costumo dizer que depois da primeira xícara de café, meu dia começa a fazer sentido.

O simples não quer dizer fácil. Muitas pessoas têm dificuldade em definir o que traz aconchego.

Deixe-se levar por essa prática da presença. Sente-se em uma posição confortável e coloque o celular para despertar daqui a três minutos.

Se para essa pesquisa você precisar de mais do que três minutos, fique à vontade. Use o tempo que for preciso.

Para algumas pessoas pode parecer uma eternidade, para outras, passa rápido. Estou curiosa para saber como será para você.

Durante esses preciosos três minutos, você não vai fazer nada. Nada além de sentir. Sinta fisicamente o tato dos seus pés no chão (ou nas meias, sandálias, o que tiver nos pés). Mexa os dedos dos pés. Entre em contato com eles. Qual é a sensação? Confortável? Tem um calo que dói? Agora suba para suas pernas. Que calça ou saia você está vestindo? O tecido é duro ou macio? É bom estar vestido nela o dia todo? Essa cadeira ou poltrona em que você está sentado, é confortável? Seus ombros estão pesados ou leves? Dê um giro com os ombros. Sinta. Sua blusa é macia ou pinica um pouco? É apertada ou veste bem seu corpo? O lugar onde você está agora tem cheiro de quê? Você está confortável exatamente onde está agora? Por que ou por que não?

Tudo isso é para te ajudar a estar presente.

Essa presença é para aguçar a sua percepção do que te traz aconchego. **Se você não está confortável, o que pode fazer para que fique confortável?**

Vou te contar um caso pessoal. Uma vez eu comprei uma calça jeans de marca, que estava na moda aqui na Noruega. Só que ela era dura, justa e desconfortável. Por incrível que pareça, quando eu usava essa calça jeans, eu ficava de mau humor e não sabia o porquê. Passava o dia todo com ela no trabalho. Daí, descobri esse efeito negativo e aposentei a calça. Hoje em dia opto pelo conforto. Até minha produtividade no trabalho melhorou. Roupas podem ser bonitas, elegantes e confortáveis.

**Estar em contato com a natureza também é uma forma de meditação, através da contemplação. Coloque sua atenção no momento presente. O que você está vendo? O que está escutando? Como é o tato dos seus pés no chão nesse momento? Qual é a sensação que você tem no rosto, e no corpo?**

Espero que a próxima prática te ajude como me ajudou.

Então vamos lá encontrar seu lugar de aconchego.

## ◆ Prática da meditação

A meditação budista existe há 2.600 anos. A descoberta de Buda é uma poderosa ferramenta para alcançar clareza e paz de espírito.

Confesso que fiquei bem relutante em praticar meditação quando ouvi falar dela pela primeira vez. Ficar em silêncio já era um desafio. Evitar pensamentos? Minha mente borbulhava de ideias, planos e preocupações.

Quando comecei a praticar yoga, tive contato com a meditação pela primeira vez. A sensação de paz e ausência de sofrimento me deixaram impressionada. Fui estudar a fundo e descobri que Jesus, que era Jesus, com aquela energia boa imensurável, meditava. Com frequência. Jesus fazia retiros para meditar, inclusive. Se a meditação ajudava a Jesus, que dirá os efeitos maravilhosos em nós, pobres mortais?

Quem não se lembra do acidente na caverna Tham Luang, na Tailândia? Doze meninos e o técnico de futebol deles foram fazer um passeio na região. A tempestade os obrigou a entrar cada vez mais na caverna.

Foi por meio da meditação que o treinador conseguiu manter os 12 garotos vivos em condições adversas de frio e privação de comida, além da péssima qualidade do ar dentro da caverna. Por quê? Eles não entraram em pânico. A meditação acalmou os ânimos e os manteve tranquilos. Assim, conseguiram poupar energia e oxigênio durante nove dias, até serem resgatados. Era uma situação de extrema tensão e risco de morte. Se você ainda não assistiu ao documentário sobre esse acidente, recomendo que assista. A cena de quando o primeiro mergulhador conseguiu entrar naquela parte da caverna e fazer contato com os meninos é marcante. Eles estavam tão calmos que o mundo se surpreendeu. São muitas lições que aprendi com esses pequenos heróis.

Se você se dedicar a meditar durante 12 minutos a cada dia, antes de ir dormir, por exemplo, em vez de ficar nas redes sociais, verá provavelmente uma enorme diferença na qualidade de sono e no seu estado emocional geral. Apenas sente-se em posição confortável, feche os olhos e somente preste atenção no ar entrando e saindo dos seus pulmões. Só isso. Simples, mas não tão fácil assim. Os pensamentos vêm sem avisar. Não se preocupe com eles. Deixe-os passar e ir embora. Continue observando a respiração. Se quiser a ajuda de uma música relaxante, aproveite. O momento é seu. Use o que funciona para você.

## ◆ Prática do aconchego

Agora, sugiro que você faça uma lista.

Isso mesmo. Agora.

Dedique cinco minutos a escrever 10 atitudes simples que te trazem aconchego.

Pode escrever agora, eu espero aqui.

Pronto?

Então coloque-as em prática hoje mesmo.

Está meio sem ideias?

Supercomum de acontecer quando estamos tão imersos no sofrimento, a criatividade parecer ter fugido pela janela.

Quer conferir as minhas dicas favoritas?

**1. Que tal um banho de banheira em vez de uma chuveirada rápida?**

Não tem banheira em casa? Então faça da ducha um ritual de bem-estar. Tenha tempo para esse ritual. Deixe o celular em outro cômodo da casa. É a hora de se agradar, de agradecer seu corpo por conduzir, locomover, ajudar você a se expressar, a caminhar, a tantas coisas. Quando foi a última vez que você fez massagem nos próprios pés?

Use óleos de banho em vez de sabonete. De preferência, um óleo de perfume agradável. Coloque uma música suave. Às vezes, um banho mais quente relaxa os músculos e traz bem-estar. Existe uma gama de óleos essenciais que aliviam dores, relaxam, animam, revigoram. Já comprovei na prática. Enquanto massageia os seus pés, sinta-se grato por todos os lugares onde eles já te levaram. Pelo seu caminhar pela vida. Cada um tem sua trajetória única. Agradeça e honre a sua trajetória.

**2. Encontre, telefone ou mande um "zap" para uma pessoa querida.** Mantenha contato com velhos amigos, aqueles que te conhecem de outros carnavais, a quem você não precisa explicar nada. Aquela pessoa que sabe levantar seu astral. Como saber quem são? Ao final de um telefonema, você está sorrindo, se sentindo leve, ou está cabisbaixo, cansado? E você, que tipo de amigo é? Daqueles que só reclamam e querem ter razão, ou aquele que sabe ouvir, que deixa o outro mais feliz ao final da conversa? Escolha bem as suas amizades. Agora é hora de focar na alegria. Vale se afastar das pessoas negativas, sem peso na consciência. Vamos colocar colete salva-vidas em você primeiro. Combinado?

**3. Abrace pessoas.** Um abraço tem efeito positivo no nosso coração. Um abraço auxilia a regular a pressão arterial, acalmar os nervos, dentre muitos benefícios. Outro dia, ouvi um homem ser abraçado por uma senhora da família e dizer: "Isso é mais que um abraço, é um passe". Uma benção, diriam os católicos. Está sem alguém do lado para abraçar? Sim, eu sei. Não precisa segurar um cartaz na rua: "Abraço grátis", como eu fiz há alguns anos, no Rio de Janeiro (lembra dessa moda?). Mas você pode abraçar um cachorro ou gatinho, pode abraçar um colega de trabalho (fique de olho nos aniversariantes do dia) e, agora que a pandemia deu uma trégua, existem muitas pessoas vacinadas aí por perto que você pode abraçar. Tá carente e se sente só? Visite um asilo de idosos. Com certeza você verá pessoas mais carentes do que você que vão adorar seu abraço.

**4. Felpudos e macios.** Muitos noruegueses costumam ter uma manta em cima do sofá. Pode ser de algodão ou de lã. Acho uma delícia me sentar no sofá para assistir um filme enrolada na manta. É comum ver, nas casas ou até nos chalés deles, pele de carneiro sobre cadeiras, na sala de jantar ou como tapete. Como aqui ninguém anda de sapatos dentro de casa, esses tapetes são aconchegantes para pisar, em vez do chão frio. Adaptando à sua casa, seu gosto e clima de onde mora: use tecidos que te trazem uma boa sensação. Pode ser um lenço, uma echarpe, até mesmo meias. Sinta a textura do material na sua pele. Se for boa a sensação, use e abuse. Se está calor, que tal borrifar água no rosto? Isso também transmite boa sensação, de frescor. Eu achava que era bobagem, artigo de luxo totalmente dispensável. Hoje em dia, um borrifador de água faz parte do meu arsenal de bem-estar.

Capuccino
e bolle.
O pão doce
norueguês
tem variações
como recheio
de canela,
creme de
baunilha,
pistache.

# Capítulo 9

# SABOREIE

Agora chegou o capítulo mais popular do livro.

Ótima notícia:

Esqueça a dieta!

Chegou a hora de se mimar.

Sentir aconchego é a ordem do dia. Ou do ano. Prioridade máxima.

A menos, é claro, que você sofra de diabetes ou outra condição médica que o impossibilite de "enfiar o pé na jaca", como se diz por aí. Faça acompanhamento com seu médico.

Lembrando que eu não estou encorajando ninguém a comer um bolo de chocolate inteiro em uma hora.

O meu recado é: qual é o seu prato favorito?

O que faz você salivar?

O que faz você dizer: Hummmmm que sabor!!

É chocolate? Macarrão?

Salada de frutas com sorvete?

### ◆ Prática do sabor de infância

Qual é a comida ou bebida que tem sabor de infância para você? Infância lembra casa de avó, todos sentados à mesa, conversando, rindo? Os encontros de família que nos trazem boas lembranças podem e devem estar vivos em nossa memória e mesmo no nosso dia a dia.

E os aniversários, então? Brigadeiro, salgadinhos...

Chegou a hora de você visitar seus melhores momentos da infância e escolher um alimento que te traz boas lembranças.

Feche os olhos por um instante e relembre um alimento que tem sabor de infância e aconchego. É algo que dá para fazer em casa? Então já vá para a cozinha. Precisa comprar? Não tem problema. Faça em casa ou compre pronto. O importante é reavivar esse sentimento feliz ao provar o alimento ou bebida que traz boas recordações.

Se tiver dificuldades para se lembrar, vale perguntar para a irmã, a mãe, a tia, a avó.

Para mim, chá de hortelã e bolo de laranja me transportam para a casa da minha avó. Eu me lembro até mesmo do aparelho de chá, as xícaras e pires brancos com ondinhas nas bordas dos pires. Eu me lembro de como me sentia nesses momentos: acolhida.

Nossa memória afetiva está muito ligada aos alimentos e ao prazer de comer. Isso é percebido desde quando o bebê mama. Afinal, é por meio do leite da mãe que ele sobrevive. O que seriam das festas de aniversário sem o bolo? Quantos casais tem seu primeiro encontro em um bar ou restaurante? Quantas vezes você esteve triste ou ansiosa e "descontou" na comida?

Aquele prazer imediato muitas vezes custa caro para a saúde. Saber a causa dos nossos atos nos ajuda a ter mais equilíbrio e a fazermos melhores escolhas alimentares.

**A experiência de beber um café, chá ou chocolate quente vai além do sabor. Ela envolve sentir com as mãos o calor da bebida na xícara, sentir o aroma e a sensação de aconchego que esse ato traz**

Por isso, minha proposta para você é investir na qualidade, não na quantidade. Veja a seguir.

## ◆ Prática saudável

Busque agora mesmo, na cozinha ou geladeira, algo que você adora e seja saudável. Pode ser um suco de laranja, manga cortadinha, melancia, etc. O que você sabe ou julga ser saudável. Mas e um cafezinho com leite, um biscoito recheado, não pode? Claro que pode. Apenas modere na quantidade. Quando a gente encontra o equilíbrio, pode comer de tudo. A prática saudável pode elevar a sua autoestima e sensação de boa recompensa.

Aí, quando chegar a vez do biscoito, a gente come em menor quantidade e sem culpa.

Água sempre é uma boa pedida. Antes das refeições, ela mostra a você se era sede ou fome. Ao acordar, desperta o corpo e o sistema digestivo. **Na dúvida, comece por um copo d'água.**

## ◆ Prática do cardápio da semana delicioso

Faça uma lista. É importante escrever, porque os pratos irão para o seu menu da semana.

Para fazer a lista dos seus pratos preferidos, use as categorias:

Sal. Doce. Ácido. Picante.

De que comida salgada você gosta? E doce? O que você adora, mas não come há muito tempo porque se esqueceu?

Lembre-se das combinações saudáveis, como arroz e feijão, ovos, salada. Como fazer um molho para salada que você adora? Busque formas de agradar seu paladar. Não aconselho a comer só por comer. Lembre-se de que estamos mimando você neste livro.

A partir dessa lista, você vai fazer a lista de compras do supermercado, programar o menu da semana, organizar-se.

Quando me mudei para a Noruega, em 2013, eu não sabia cozinhar. Não mesmo. Nadinha. O Youtube me salvou com aulas práticas. Eu levava meia hora para aprender um prato porque eu ia assistindo, pausava, voltava, repetia aquele pedacinho do vídeo, pausava de novo. E no dia seguinte eu repetia o mesmo vídeo, pausando de novo, voltando, fazendo. Assim fui aprendendo. Avance para 2022, quando cozinho (como voluntária) no hospital para pacientes com câncer, e já cozinhei para 70 crianças em uma escola. Amigo leitor, se eu aprendi a cozinhar, qualquer pessoa do planeta pode aprender. Acredite.

**Você sabia que a groselha é bem azedinha? Eu só fui comer groselha in natura depois que me mudei para a Noruega. Seu nome é rips.**

*Nota da autora: Não sou nutricionista. Estudei o assunto e me consultei com nutricionista antes de escrever o livro, mas este livro não substitui uma consulta com o nutricionista.*

## ◆ Prática da maratona dos temperos

Sabe aqueles temperos que temos na cozinha e não usamos a maioria? Coloque duas colheres de chá de cada tempero que você tem em um pires separado. Distribua os pires pela cozinha, afastados um do outro. Vá de um em um e prove um pouco de cada tempero. Pode beber água entre os temperos se quiser.

Minha cola para você.

Alguns dos meus alimentos favoritos são:

**Bebidas:** limonada, suco de manga, chocolate quente, chá de erva-cidreira, chá de hortelã, vitamina de açaí, vitamina de banana, maçã com leite, vitamina de abacate, suco verde de couve, maçã e gengibre, guaraná.

Comidas quentinhas, como sopa e mingau, aquecem o estômago e o coração também. Eu sou fã.

**Sopas:** sopa de lentilhas, de legumes, sopa cremosa de cebola.

**Mingau:** de aveia com rodelas de banana, ou com açúcar e canela.

Banana ao forno com açúcar e canela. Dá para fazer no forno ou mesmo no micro-ondas. Maçã assada também é uma ótima dica com menos calorias.

E temos a versão "pé-na-jaca": bolo de chocolate, bolo de laranja, bolo de cenoura, pipoca, pão de mel... A lista é longa.

Que tal uma receita nova? Os pães doces noruegueses, chamados *boller*, são encontrados em qualquer quiosque. Eu aprendi a fazer com a minha cunhada.

A receita é fácil.

## Receita de boller

- 600 g de farinha (mais ou menos. Verifico enquanto misturo)
- 1 cubo de fermento seco
- 100 g de açúcar
- ½ col chá de cardamomo
- ½ col chá de sal
- 100 g de manteiga
- 300 ml (ou 3 dl) de leite

## Modo de preparo

O leite e a manteiga devem derreter juntos em uma panela. Depois disso, a mistura deve esfriar até atingir 37 graus Celsius. Este e o passo mais importante.

Misture o leite morno e a manteiga derretida (37 ° C), o açúcar e o fermento em uma tigela grande. (Eu coloco um pouco de cada vez que ele se mistura).

Deixe repousar por 10 minutos até que o fermento fique espumoso. Adicione o sal e o cardamomo.

Adicione a farinha 1 xícara de cada vez, mexendo para misturar após cada adição. Você deve verificar ao adicionar farinha. A massa deve estar bem pegajosa neste momento. Deveria estar junto, como um todo, não desmoronando.

Cubra a massa com um pano (uso novas toucas de banho dos hotéis) e deixe a massa crescer em um local quente por cerca de uma hora.

Retire a massa da vasilha e coloque-a sobre uma superfície enfarinhada. Polvilhe a parte superior com farinha e amasse brevemente (por apenas alguns minutos).

Parta pedaços de massa do tamanho de uma pequena tangerina e role com as mãos para torná-las redondas e lisas. Eu adiciono passas neste momento. Coloque as bolas de massa em uma assadeira untada e cubra. Deixe crescer por cerca de 30 a 40 minutos.

Pincele as partes superiores com clara de ovo batida e asse em forno pré-aquecido a 225°C por 13 minutos ou até dourar.

Gosto de comê-los quentes, mas você pode esperar até que esfriem, se quiser. Aproveite :)

Outra receita deliciosa é a de *apple scones*. São bolinhos com pedaços de maçã. As receitas estão no meu site Making Norway My Home.

Para fugir da necessidade de comer um docinho a toda hora, eu procuro variar, alternar com comidas saudáveis. Se como um chocolate depois do almoço, passo para salada de frutas depois do jantar. Beber água e escovar os dentes também ajudam a driblar a gana de doces.

Comeu muitos doces de sobremesa? Beba um copo de limonada sem açúcar. Aqui na Noruega, aprendi a beber café sem açúcar. Agora eu me acostumei e não consigo nem considerar a ideia de colocar açúcar no cafezinho. Foi questão de adquirir novos hábitos.

Pegue aquele domingo em que você não tem nada programado. Que tal experimentar uma receita nova?

Aprendi o valor que isso tem: preparar a própria comida, além de ser um ritual gostoso, aproxima a família. Além disso, é uma maneira de prestar mais atenção ao que você ingere e comer de forma saudável.

**Anote seus pratos favoritos. Abaixo, anote pratos que você gostaria de experimentar.**

# Capítulo 10

# MEXA SEU CORPO

Foi divulgado, no primeiro semestre de 2022, na Noruega, um relatório do Helse Norge (Instituto de Saúde) sobre as recomendações para uma vida saudável. Entre elas, fazer exercícios físicos entre 2,5 à 5 horas por semana. Existem milhares de outros estudos no mundo, apontando para o mesmo caminho. Mexer o corpo, mesmo sendo exercícios leves, como uma caminhada, faz bem para a circulação sanguínea, para os músculos, pulmões e para a saúde mental.

**Uma caminhada pela manhã faz maravilhas pelo seu humor. Mesmo que você esteja desanimado e cansado.**

Os noruegueses têm o costume de sair para caminhar com frequência. Uma das expressões típicas é: *Ut på tur, aldri sur*. Que significa: Uma caminhada ao ar livre, e você nunca fica da mau-humor. Eles também têm a expressão "passeio de domingo": *søndagstur*. Toda a família sai para passear ao ar livre, seja em um parque, praia (com roupas de inverno e tudo), montanha ou floresta.

Meu caminho das pedras.

Os benefícios são vantajosos.

O primeiro deles é elevar a autoestima. Você conseguiu vencer a preguiça ou o cansaço e tomou a atitude de sair da casa.

O segundo é melhorar a respiração. Quando eu morava em Belo Horizonte, tinha frequentemente o nariz entupido. Os médicos diziam que era alergia. E eu me lembro que quando praticava atividade física, meu nariz desentupia e eu respirava bem.

Continuo com o hábito de mexer o corpo. Uma bela caminhada ao ar livre aqui na Noruega faz maravilhas para a nossa saúde.

O terceiro é que, ao se exercitar, seu corpo começa a produzir hormônios de bem-estar, como as endorfinas. Então, o caminho para se livrar do desânimo não é o sofá, e sim o parque.

O artigo da Harvard Health Publishing, da Universidade de Harvard, nos EUA, explica que os quatro hormônios do bem-estar são chamados assim porque produzem a sensação de felicidade. Eles são neurotransmissores, já que transportam mensagens entre as células cerebrais. São eles: dopamina, serotonina, endorfina e oxitocina.

Podemos aumentar a produção desses hormônios no nosso corpo por meio do nosso comportamento. Esse comportamento inclui: melhores hábitos alimentares, exercícios e meditação, e uso de bom humor durante esse processo. Inclusive, há estudos comprovando que fazer caminhadas com frequência reduz o risco de doenças como demência e câncer.

Só depois de ter sofrido depressão de inverno, ter descoberto a causa, ter saído desse quadro e construído minha alegria de volta e ter blindado minha felicidade, foi que entendi o funcionamento dos quatro hormônios da felicidade.

Sabendo da gravidade de deixar a tristeza e o desânimo se instalarem, resolvi compartilhar minha caixa de ferramentas neste livro e ajudar outras pessoas. Percebi que a cada outono/inverno a saga começa novamente. É preciso agir. Sabe por quê? Porque a causa volta. A falta da luz solar acontece a cada ano. Novamente, ela vem desencadear a falta dos hormônios do bem-estar. Por isso, o uso do método de blindagem da sua alegria precisa ser contínuo. Com o tempo, ele passa a ser cada vez mais fácil, quase automático. O que você está esperando para mexer esse lindo corpo?

**Eu subi a famosa «Preikestolen» Pedra do Púlpito, duas vezes. A primeira em 2014 e a segunda em 2022. Você sabia que o Tom Cruise filmou ali a sequência 5 do filme Missão Impossível?**

A boa notícia é que você não precisa sair de casa nos dias chuvosos, como a gente faz aqui na Noruega. Se o fizer, lembre-se de usar roupas adequadas. Aqui na Noruega, o frio e a chuva constantes não nos deixam escolha. Saímos assim mesmo, mas com as roupas certas, à prova d'água. Continuando a boa notícia para os brasileiros: você pode se exercitar em casa mesmo. Por exemplo, coloque uma música e dance por quinze minutos ininterruptos.

Coloque uma música que te dá alegria. Comece mexendo os braços, as pernas, o quadril, os ombros e deixe-se levar pela melodia.

**Dance como se ninguém estivesse olhando.
A motivação está dentro de você.**

Ter uma boa relação com o nosso corpo começa pela presença. Sentir seu corpo presente aqui e agora. Comece agora mesmo. Dê uma boa espreguiçada e avise ao seu corpo que o dia vai ser lindo daqui para frente. Abra os braços, abra o peito e respire profundamente. Deixe o ar entrar. Solte devagar todo o ar e comece novamente a inspirar. Repita por três vezes. Agora, vá mexendo cada parte do seu corpo aos poucos, uma a uma. Assim, você adquire consciência e afasta as distrações.

Quer dicas de músicas para dançar?

"A menina dança", da Baby do Brasil, sempre levanta o meu astral.

"A festa", da Ivete Sangalo.

"Vou Deixar", do Skank.

E por aí vai. Siga seu gosto musical em direção à alegria. Qual música faz você mexer o corpo mesmo sem querer?

Mesmo que seu dia tenha problemas (todos nós temos, lembra?), as chances de você dar a volta por cima são bem maiores depois de fazer bem ao corpo e colocar sua mente no posicionamento positivo. Você até mesmo terá mais abertura para encontrar soluções.

## • Dicas para mexer o corpo em locais improváveis

Não é o que você está pensando. Sexo é uma ótima atividade física quando praticado de maneira saudável, com o parceiro certo. Livros sobre saúde sexual você pode encontrar na livraria.

O que quero dizer com locais improváveis são lugares fora da academia. Se você acha que só dá para se exercitar na academia, leia o que vem a seguir.

Qualquer hora é hora para fazer bem ao seu corpo. O "pulo do gato" é adaptar os movimentos ao local e a atividade que estiver exercendo. Comece aos poucos, espreguiçando-se de manhã. Você já observou um gato se espreguiçando? Ele fica na posição de quatro apoios (patas dianteiras e traseiras no chão), e se estica todo. Na Yoga e no Pilates, aplicamos essa posição. Eu sinto o resultado na hora.

Faça um alongamento quando se sentar em frente ao computador. No ponto de ônibus ou na fila da sorveteria, fique na ponta dos pés. Suba na ponta dos pés e desça. Repita dez vezes. Assim, você ativa a circulação das pernas e fortalece os músculos. Evitamos, assim, o inchaço das pernas no final do dia. Quem trabalha em pé pode também mexer os quadris de vez em quando, longe do cliente, claro. Faça um círculo completo, como se fosse o ponteiro do relógio. Trabalha sentado? Fique na ponta dos pés, mesmo sentado. Repita por dez vezes. Durante uma reunião do escritório, mexa os dedos dos pés. Faça a letra C com os pés, virando as pontas dos dois pés um para o outro. Solte. Repita mais cinco vezes. Sentirá imediatamente uma mudança no estado dos seus pés. Eles estarão mais "acordados". É assim que funciona. Dá para encaixar movimentos do corpo em qualquer ocasião enquanto estiver acordado. Enquanto escova os dentes, que tal ficar em uma perna só? Isso treina o equilíbrio do corpo, treina o equilíbrio emocional também, sabia?

# Capítulo 11

# PERFEITAMENTE IMPERFEITA E A DEPRESSÃO DE INVERNO

O dia em que aceitarmos que as coisas nunca serão perfeitas, que perfeição não existe no nosso planeta, será o dia em que você e eu realmente poderemos nos libertar e nos sentirmos permanentemente felizes.

Muitas pessoas sofrem porque colocam expectativas irreais para o seu dia. À noite, veem que não conseguiram cumprir a meta e se culpam. Veja que, nesse caso, somos nós mesmos nossos algozes. A gente se dá castigo, se xinga por não ter conseguido dar conta de tudo aquilo a que se propôs.

Aconteceu comigo semana passada mesmo. Eu tinha concordado com vários compromissos. Aí me dei conta de que era impossível cumprir todos de maneira excelente. Algum prato iria cair no chão e se quebrar. Sabe aquele equilibrista do circo que segura várias varetas com um prato em cima? Ele me representa. Muitas vezes eu me sinto assim: com vários assuntos pendentes no ar, para resolver. A diferença é que, hoje em dia, eu já sei que algum prato precisa cair. Sei meus limites e aprendi a priorizar a minha saúde. Posso estar ocupada, mas não preciso estar estressada. Nem você.

Você já parou para pensar que o natural do nosso dia a dia é estar sempre faltando alguma coisa? Falta tempo, ou falta dinheiro, ou falta saúde, ou falta a companhia de alguém.

Uma vez eu ouvi o seguinte raciocínio: "Para que pensar que problemas são um castigo? Por que comigo? Por que logo eu? Prefira pensar: por que não comigo? Sou normal, como qualquer ser humano". Quando a gente compreende a vida como sendo cheia de desafios e age com naturalidade diante deles, fica muito mais fácil focar na solução e não no problema. Concorda? Faz sentido para você? O problema começa a ser visto como um desafio a ser superado e não como um castigo. Assim, fica tudo mais leve e podemos ser felizes sem ter a desculpa de só poder ser feliz na ausência de problemas.

Quem é que não tem problemas no mundo, gente?

E você pode manter essa felicidade constantemente.

Experimente primeiro. Não apenas acredite no que eu digo. Nada tem mais força do que a própria experiência.

**Felicidade não é ausência de problemas, mas, sim, uma forma positiva de enxergar a vida, aceitando seus desafios com resiliência e proatividade.**

Meu pai é psicanalista. Ele costuma dizer que todos os problemas e situações ruins que lhe aconteceram resultaram em algo positivo para sua vida. Que, depois de passada a tormenta, ele olha para trás e vê que foi bom ela ter acontecido. Vieram aprendizados, lições, crescimento, evolução. Experimente olhar para trás e enxergar um efeito positivo de algo que te incomodou muito.

**Aprendi a esquiar na Noruega. Adoro essa sensação de frescor, liberdade e comunhão com a natureza. Depois de tombos históricos e frustrações, eu descobri que posso aproveitar, mas respeito meus limites. Jamais vou esquiar como uma norueguesa nativa.**

## Eu desisti de reclamar

Aconteceu em 2020, quando a pandemia do coronavírus avassalou o mundo. Eu costumava visitar minha família no Brasil uma vez por ano, para matar as saudades e dar uma pausa na escuridão do inverno norueguês.

Isso não foi possível em 2020. Foi uma época de incertezas e medo. Estava de longe, vendo o Brasil ser dilacerado por tantas mortes e desespero. E a gente aqui nada podendo fazer. O mundo em *lockdown*. Eu não sabia quando poderia ir ao Brasil de novo. A vontade era de me teletransportar e ajudar as pessoas. Além da dor da saudade e preocupação com meus pais, minha avó, família, amigos, eu tive que lidar com um desafio enorme: passar um inverno inteiro na Noruega. Se você já passou um inverno aqui (ou em países como Canadá, Finlândia, Suécia), você sabe do que estou falando.

Para você ter uma ideia, os próprios noruegueses reconhecem os desafios do longo e escuro inverno, no qual amanhece por volta das nove horas da manhã e escurece às quatro da tarde. A depressão de inverno, ou depressão sazonal, em inglês chamado "Winter Blues", afeta tanto estrangeiros como os locais. É considerada uma questão de saúde pública. E não só na Noruega, mas em vários países de clima frio. Alguns noruegueses costumam viajar para países mais quentes, como a Espanha, no inverno.

A viagem para o Brasil no fim do ano era uma fuga, uma garantia de não ficar deprimida novamente. Desde o primeiro inverno escuro que passei aqui em 2013, quando tive depressão pela primeira vez na vida, a gente decidiu dar essa pausa todos os anos, no meio do inverno. Aí, com a pandemia do coronavírus, minha tábua de salvação estava cancelada. Além disso, para um imigrante, reconectar-me com minhas raízes era fundamental. Quando eu ia ao Brasil, logo me sentia eu mesma, voltava inteira e energizada para a vida na Noruega. Eu poderia ficar sofrendo, reclamar, sentir-me vítima, culpar os fatores externos. Só que, em vez de me lamentar, decidi viver o momento presente. E lidar com ele da melhor maneira que encontrasse.

Eu não poderia prever nem planejar o futuro. Sofrer com saudades do passado também não ajudaria.

Então eu decidi viver um dia de cada vez e fazer o melhor que podia.

Eu acordava e estava ensolarado? Obaaa! Vamos sair de casa e aproveitar o ar fresco.

Eu acordava e estava chovendo? Vamos arrumar a casa e escrever um novo post para o blog. Às vezes eu até saía na chuva mesmo, por quinze minutos. Juro que eu voltava amando mais ainda a minha casa quentinha.

Ouvir boa música funciona para mim todas as vezes que preciso levantar o astral. Só que a gente muitas vezes se esquece, não é? Que tal deixar um bilhetinho pregado no espelho do banheiro: Já sorriu hoje? Já ouviu música da Ivete Sangalo hoje?

Reclamar nunca me fez sentir melhor, nunca resolveu meus problemas. E ficar reclamando junto com outra pessoa também nunca me trouxe luz e paz. Atenção porque eu digo reclamar, não desabafar em momentos específicos. Sou a favor de desabafar. Inclusive, sou boa ouvinte.

Aí talvez você diga: "Juliana, você quer é brincar de Poliana, fazer o jogo do contente?", "Sim", eu responderei. E sabe de uma coisa? Focar no lado bom de tudo, funciona. Com o tempo, vai ficando mais fácil entrar no modo gratidão e alegria interna.

Como iniciar esse processo de mentalidade positiva? Aqui comigo.

Está pronto para práticas maravilhosas?

# Capítulo 12

# MENTALIDADE POSITIVA

## • Práticas que podem mudar seu inverno interno

Esta é a prática de mentalidade positiva, ou, como se diz em inglês, *Positive Mindset*, que vai blindar sua alegria durante o seu dia.

Tudo começa com o seu acordar pela manhã, antes mesmo de você abrir os olhos.

Se você fizer esse exercício todas as manhãs, antes de se levantar, estará criando um hábito saudável e quase que automático para manter seu bem-estar.

*Positive Mindset* não impede problemas de surgirem, mas você voltará ao estado de paz interior mais facilmente.

Eu já passei por isso. Todas as práticas contidas neste livro foram experimentadas e aprovadas por mim mesma

**É como se você ganhasse uma caixa de ferramentas. Quando houver um vazamento na pia, terá a ferramenta certa para consertá-lo.**

no meu processo de sair da depressão de inverno. Inclusive, eu ainda as uso, em diferentes fases da minha vida.

O importante é ser consistente.

Para que a blindagem seja eficaz, essa prática precisa ser repetida diariamente, por, no mínimo, 21 dias.

Especialistas em neurociência dizem que, depois de vinte e um dias, sua mente começa verdadeiramente a incorporar um novo hábito.

Então, está pronto para deixar a sua luz brilhar? Vamos lá.

**Pronto para ser o seu próprio sol?**

## ◆ 5 Práticas diárias de Mentalidade Positiva

**1. Visualização.** Quando você acordar, antes de abrir os olhos, ainda na cama, imagine-se em paz e feliz durante o dia. Ainda com seus olhos fechados, traga à sua mente a sensação de paz e felicidade.

Na sua imaginação, você olha à sua volta e vê boas pessoas e muita beleza pelo caminho. Sorria. Dessa maneira, você envia sinais de felicidade e tranquilidade ao seu inconsciente. Fique com esta sensação boa e feliz por alguns minutos. Sinta paz, satisfação e alegria por estar vivo. Sinta isso no seu corpo e mente.

Você sabia que profissionais do esporte usam visualização antes de um jogo? A visualização é tão importante que vai além dos centros de yoga e budismo. Ela é amplamente usada no mundo dos negócios também. Com o tempo, você aprende a buscar essa sensação de bem-estar mesmo durante o dia. Por enquanto, faça a prática ao acordar. Pratique com constância e independentemente de acontecimentos fixos, como reuniões ou provas. Apenas imagine-se com alegria, leveza e fazendo as melhores escolhas para você e os outros à sua volta. Cerque-se de amor e luz. O resto é consequência.

**2. Lembrança boa.** Busque boas lembranças para te ajudar a ter pensamentos positivos. Pense no lugar mais lindo em que você já esteve. Naquele dia inesquecível com seu melhor amigo. Naquele momento em que conquistou algo que queria muito. Sempre que um pensamento ou notícia negativa chegar até você, traga imediatamente à sua mente uma lembrança boa, gostosa, engraçada. Algo de que, sempre que você se lembra, sente bem-estar.

**Dica:** escreva em um papel essa lembrança especial. Deixe o papel em um lugar fácil de ser encontrado. Se quiser, escreva outros momentos maravilhosos e use-os sem moderação. Este é o momento de produzir bons pensamentos e sentimentos.

**Dica número 2:** Coloque a foto de um momento bom na sua mesa de trabalho. Assim, fica mais fácil navegar em boas lembranças bem no meio do dia.

**Dica número 3:** até mesmo na tela bloqueada do celular, coloque uma foto que te faça sorrir.

# Escreva três lembranças boas da sua vida

**3. Gratidão.** A palavra gratidão vem do latim: *gratia*. Sentimento de graça. É quando nós reconhecemos algo que produz efeito bom. Um favor que alguém nos fez. A beleza de uma flor que nos encheu os olhos de alegria. O carinho de um animalzinho de estimação. Estudos da Universidade de Harvard, em Massachussets, nos Estados Unidos, comprovam que sentir-se grato eleva a nossa vibração. Ao sentir gratidão, ativamos a parte pré-frontal medial ventral e o córtex na porção dorsal do cérebro. As áreas estão envolvidas em percepções de recompensa. Em outras palavras, nosso corpo produz endorfinas: hormônios que dão sensação de bem-estar.

**Prática:** Encontre três razões para agradecer. Comece olhando à sua volta. Use a visão para te ajudar, e também os outros sentidos. Está segurando uma xícara de café agora? Seja grato pelo cafezinho. Nem todos podem tomar café quando querem. Está vendo algo bonito agora? Seja grato pelos seus olhos, pelo dom da visão. Respire profundamente e seja grato pelo ar que entra em seus pulmões. Está usando roupas confortáveis? Seja grato. Escutou um passarinho cantar? Seja grato. Aqui na Noruega, quase não escutamos passarinhos durante o inverno.

Faça desta sua prática diária. Ela é também um forte SOS para momentos de crise. Eu uso sempre que uma tempestade de problemas cai sobre mim. Penso rapidamente em três razões para ser grata. Estar viva é um bom exemplo. Com o tempo, esta prática vai ficando mais fácil, vira um recurso quase automático. Boa "máscara de oxigênio em momentos de despressurização".

**4. Respiração.** Respire. Pode parecer um conselho desnecessário, já que todos respiramos automaticamente, para viver. A questão é: no automático, nossa respiração é curta e superficial. Já parou para observar sua respiração? Só observe. Sem interferir. Fique observando por dois minutos. Perceberá o quão curta e superficial ela está. Agora interfira. Deixe que seus pulmões recebam bastante ar. Agora, exale devagar todo o ar dos pulmões. Inspire novamente, de forma completa e abundante. Expire profundamente e devagar. Tente eliminar o ar residual. Continue a prática por dois minutos.

E agora, como está se sentindo? A respiração contém mais respostas e soluções do que imaginávamos.

Sempre que estiver ansioso, respire conscientemente por dois minutos. Se tiver tempo, faça por cinco minutos. Sentirá mudança em seu estado físico e mental.

**5. Você no controle.** Sinta gratidão e satisfação pelo dia maravilhoso que você terá hoje. Não importa se o dia apenas começou. Você está, neste momento, determinando que seu bem-estar permanecerá com você o dia todo. Que você ficará bem, independentemente dos acontecimentos.

Na prática, isso significa que você terá menos propensão a se deixar abater diante do primeiro obstáculo que aparecer na sua vida. Mesmo que problemas apareçam, você terá mais facilidade em encontrar soluções. Seu foco estará na solução, e não em sofrer pelo problema.

Sua mente é poderosa. Quando você decide ser feliz e programa sua mente para isso, ela vai encontrar maneiras de te fazer sentir feliz.

A prática do pensamento positivo deve ser feita diariamente. De preferência, incorpore a prática à sua rotina matinal, no início do dia. Com o passar do tempo, você se acostuma e ela vai ficando mais fácil: as visualizações, tudo fica mais simples. Insista. Tenha constância.

Se algum problema acontecer no meio do dia e você sentir a necessidade de resgatar aquele bem-estar da manhã, faça uma pausa. Todos os passos podem e devem ser repetidos ao longo do dia, quando for preciso. Vá até um lugar calmo, até mesmo o banheiro.

No auge da urgência, sem lugar para pausa, respire e pense nas três razões para ser grato.

## A importância da constância

Assim como a gente deve escovar os dentes após as refeições, devemos praticar mentalidade positiva constantemente. A prática diária faz com que nosso foco no que é bom e produtivo se torne natural. Com isso, diante dos problemas e questões que surgem, podemos ter mais agilidade para retornar ao bom ânimo, às decisões positivas e produtivas que desejamos para a nossa vida. Assim como seu plano de ganhar dinheiro só funciona se você economizar e executar seu plano dia a dia, a felicidade blindada depende da observação e prática diárias. Ninguém emagrece fazendo dieta somente por duas horas. Vamos pensar a longo prazo, fazendo nossa parte todos os dias. Ao perceber os efeitos maravilhosos, a sensação de paz e plenitude comparado ao nosso pensamento anterior, veremos o quanto vale a pena.

## Como a Mentalidade Positiva funciona

Lembre-se de que a sua mente sempre responde SIM ao que você disser a ela. Ela obedece ao seu comando, mesmo que você não esteja consciente disso. Estamos sempre dando comando à nossa mente. Como? Por meio dos nossos pensamentos. Não os que surgem de repente, involuntariamente, mas os que alimentamos.

Sabe aquelas reclamações internas? Elas são a carne que alimentamos nossos lobos e leões.

Quando você pensa: "Nossa, com essa chuva, meu dia, hoje, vai ser bem difícil". Sua mente responde: "Sim, senhor", ou, "Sim, senhora". E pronto: seu dia está programado para ser bem difícil. Simples assim.

Isso significa que você terá mais propensão a encontrar dificuldades para superar os obstáculos.

Por outro lado, quando você diz para a sua mente que seu dia será leve e bom, ela também enxergará isso como uma ordem. Ela dirá: "Sim, senhora". ou "Sim, senhor". Quando um desafio aparecer, sua mente fará com que você encontre maneiras de solucionar e lidar com a situação de forma leve e boa. Sua mente trabalhará para que você se sinta bem no final do dia.

 

**Escreva três frases positivas sobre você.**

**Exemplo:** *eu sou melhor do que eu era antes.*
*Eu sou inteligente e capaz de aprender coisas novas.*

# Capítulo 13

# AJUDA DA TECNOLOGIA

E por que não? É difícil se lembrar de beber água e de praticar gratidão durante o dia?

Coloque o alarme do celular para despertar. Meu celular tem alarme para diversas tarefas. É uma maneira de realizar o mais importante, apesar das distrações do dia a dia.

Qual é o período do dia em que você tende a sentir uma baixa de energia? Já percebeu se isso acontece mais ou menos à mesma hora todos os dias? Isso é normal. Todos nós temos oscilações do nível de energia durante o dia. Isso tem a ver com o nível de açúcar no sangue.

Você também já reparou se tem algum momento do dia em que tende a se sentir mais irritado? No meu caso, quando estou com fome. Não tem erro. Eu já me observei e sei o que acontece comigo quando passo muitas horas sem comer. Então já levo um lanchinho na bolsa e procuro me alimentar a cada três horas (pouco e sempre).

Então, esse é o período de colocar o alarme do bem-estar.

Que tal um alarme com boa música?

Aqui na Noruega, no inverno escuro, eu uso também a tecnologia. Comprei uma Luz terapêutica. Ela emite uma vibração positiva de energia parecida com a energia solar. Apesar de não bronzear nem promover queimaduras solares. Ainda bem.

Outro produto que adotamos aqui em casa é o despertador de luz. Em vez do alarme sonoro, é a luz que vai anunciar a hora de acordar. Existem diversos tipos, cores e intensidades. A primeira vez que o usei, não sabia mexer direito no aparelho. Levamos grande susto ao termos a luz do meio-dia inundando o quarto às 5 da manhã.

## Suplemento de vitaminas

Aqui, no inverno da Noruega, a ausência da luz solar causa baixa de vitamina D. Nós costumamos tomar também suplemento de Ômega 3. Muito importante: antes de comprar e usar suplementos, consulte seu médico. Tomar vitaminas erradas é perigoso para a saúde.

Já ouviu falar na terapia de florais? Os mais famosos são os florais de Bach. Médicos e farmacêuticos da medicina homeopática podem indicar o melhor floral, ou combinação de florais, para atuar no sistema emocional, desbloqueando tensões e ajudando no processo de harmonização emocional. Em caso de crises emocionais, o Rescue Remedy não tem contraindicações, se usado por pouco tempo. Pode ser encontrado em farmácias do gênero.

Importante! Vá a uma farmácia homeopática e consulte um fitoterapeuta antes de comprar qualquer floral.

Ouvi falar, ano passado, da água de sol. Ela consiste em colocar um vidro transparente com água junto à janela e deixar lá por 24 horas. Depois, você vai bebendo aos poucos, durante o dia seguinte.

Recado importante! Este livro é dedicado a te auxiliar a melhorar a sua positividade, seu contato consigo mesmo, sua autoestima. Essa mudança de paradigmas pode formar novos hábitos que deixarão muito mais fácil manter sua alegria interna. Quando esses hábitos saudáveis (de boa autoestima, produção dos hormônios da felicidade, práticas que trazem bem-estar) se tornarem parte da sua rotina, os problemas vêm, mas você não se abala como antes.

**Atenção! Casos de depressão devem ser tratados com médicos especializados. Eles são a ajuda mais indicada e capacitada para casos de depressão. Consulte seu médico.**

Compartilhei aqui com você as práticas que fui acrescentando à minha caixa de ferramentas. Neste livro, abri minha experiência e meus estudos. Espero que ele te ajude a tomar a decisão de ser feliz e a fazer sua programação de Mentalidade Positiva. As práticas, as informações, estão aí. A decisão e o caminho somente você pode trilhar. Conte comigo caso tenha dúvidas e precise de motivação. Você me encontra nas redes sociais e no meu site.

God
påske!
ske

# Capítulo 14

# CHECKLIST POSITIVO

Está na hora de você se fazer feliz. Escreva um bilhete para si mesmo e o coloque no espelho do banheiro:

Eu mereço ser feliz.

Arregace as mangas, dê-se um grande e gostoso abraço. Sorria.

Pense em todos os seus sentidos (paladar, olfato, visão, tato, audição, aconchego) e aproveite para mimar-se.

Tome um solzinho sempre que possível. Tenha contato com a natureza. Abra-se para essa troca. Apenas esteja em um local rodeado de plantas. Não precisa fazer nada, apenas fique ali. Presente.

Ao acordar, imagine-se alegre e plena durante o dia todo.

Prepare-se para responder positivamente a todo o seu dia.

Beba um copo d'água a cada duas horas, pelo menos. Mexa seu corpo e escute músicas que tragam bem-estar.

Ao se levantar de manhã, dê uma boa espreguiçada, assim, de braços abertos, e dê um sorriso gostoso para você mesmo.

Ao final do dia, para limpar o que passou e reno-var-se para uma boa noite de sono, faça uma meditação de doze minutos. Foque na respiração. Somente nisso. O ar entrando e saindo dos seus pulmões. Existem sites e aplicativos gratuitos de meditação.

Outra forma de meditar é caminhar na natureza. Há pessoas que preferem caminhar pela manhã, outras, no final do dia. Os benefícios valem a pena.

Está parecendo muita coisa para se fazer em um dia? Combine duas práticas. Por exemplo: ouça boa música enquanto cozinha. Use uma roupa de determinada cor quando for caminhar. Você pode fazer duas práticas naquele dia e outras duas no outro. O importante é praticar a Mentalidade Positiva ao acordar e a gratidão, todos os dias.

**Lembre-se do RRS:**

• **R**espire profundamente.

• **R**azões para agradecer.

• **S**eja leve e alegre.

**Tudo passa.**
**Confie. Você é capaz!!**

**Escreva aqui sua lista de gratidão da semana.
Três razões a cada dia.**

# Capítulo 15

# SOBRE A AUTORA

Juliana Linares Øverland é escritora, atriz, advogada, instrutora de idiomas, blogueira e comunicadora.

Nascida em Belo Horizonte, ela morou durante quinze anos no Rio de Janeiro. Como atriz, participou de novelas da TV Globo, entre elas: Mulheres Apaixonadas e Páginas da Vida, de Manoel Carlos.

Em 2013, mudou-se com seu marido para a terra natal dele, a Noruega. Moram em Stavanger desde então. Casada, mãe, imigrante. Aprendeu a falar norueguês em um ano. As pessoas pediam conselhos sobre adaptação na Noruega, como aprender outro idioma, fazer amizades. Pouco antes da pandemia, surgiu a necessidade de criar um blogue para compartilhar experiências e explicar a cultura da Noruega para outros imigrantes. Criou o MakingNorwayMyHome.com

Em 2021, resolveu dar um passo adiante e escreveu o livro em inglês: "How to avoid Winter Depression". Agora, atendendo a pedidos dos seguidores do blogue e do Instagram, Juliana escreveu a versão em português, abrangendo também as pessoas que vivem em outros países.

Em janeiro de 2022, foi indicada ao prêmio Melhores

do Brasil na Europa, na categoria Influenciador. Recebeu tantos votos populares que se tornou finalista. Vencedora do prêmio, recebeu o troféu na cerimônia dentro da Torre Eiffel, em Paris, no dia 25 de setembro.

Em novembro de 2022, escreveu, em parceria com duas outras autoras, o Guia turístico: Noruega, guia para economizar.

**Alguns dos posts mais populares do site MakingNorwayMyHome.com:**

* Como aprendi a falar norueguês em 1 ano
* Dicionário para pais de crianças em creches da Noruega
* Meus momentos mais embaraçosos na Noruega
* Como fazer amigos na Noruega

**Aponte a câmera do seu celular para o QR Code abaixo e acesse o site**

# AGRADECIMENTOS ESPECIAIS

Agradeço primeiramente a Deus pelo dom da vida e da comunicação. Pelo amor, Luz e perseverança.

Agradeço ao meu marido e a minha filha pelo amor, paciência e compreensão nos momentos de ausência enquanto escrevia o livro. Vocês são tudo para mim.

Sou grata à minha mãe por ser companheira de pesquisa e revisão. Ao meu pai, por ser fonte de estudos de psicanálise que enriquecem o livro. Vocês são meu porto seguro e fonte inesgotável de admiração e inspiração.

A minha avó Margarida, por sempre acolher minha natureza de artista, minha personalidade, e pelos conselhos sábios de bem-viver.

Gratidão à minha amiga-irmã, a advogada Maria Carolina Nery, por caminhar junto comigo por tantos anos. E pela leitura crítica. Te adoro e te admiro.

Agradeço aos meus amigos por sempre acreditarem e alimentarem meus sonhos mais inacreditáveis até eles virarem realidade. Amo vocês.

Gratidão à Lilian Cardoso e a equipe da agência LC, pela inspiração e pelo apoio.

Aos meus seguidores, obrigada por tanto carinho e participação. Gratidão por levantarem minha moral nos momentos em que pensei em desistir. Vocês são minha maior motivação para escrever este livro. Gratidão e amor.

Agradeço a cada pessoa que passou pela minha vida. As boas experiências me deram motivação e inspiração para seguir em frente. As ruins, me fortaleceram e ensinaram a me precaver no futuro.

# REFERÊNCIAS

https://health.harvard.edu/

https://timesofindia.indiantimes.com

https://brasilmindfulnes.com

https://helsenorge.no

https://www.metropoles.com/colunas/claudia-meireles/gratidao-provada-por-estudos-de-harvard-que-faz-bem-para-o-cerebro

https://www.hopkinsmedicine.org/health/wellness-and-prevention/the-power-of-positive-thinking

https://www.health.harvard.edu/mind-and-mood/walking-linked-to-lower-dementia-risk

https://www.healthline.com/health/mental-health/the-mood-boosting-benefits-of-color-therapy#The-science-behind-color-therapy

https://www.hospitaldaluz.pt/pt/dicionario-de-saude/ictericia-no-bebe-recem-nascido#:~:text=Quando%2C%20num%20rec%C3%A9m%2Dnascido%20com,tratamento%20com%20fototerapia%20em%20internamento.

https://anesth.medicine.arizona.edu/profile/mohab-m-ibrahim-phd-md

https://hexagonalwater.com/masaru_emoto.html

# EPÍLOGO

Deixar de reclamar foi uma das práticas mais trabalhosas para mim. Primeiro, comecei assim: Hoje, eu vou deixar de reclamar quando chegar em casa, do trabalho. Só eu sei como foi difícil. Especialmente naquele dia, em que parecia que todos apertavam os meus botões e cheguei ao limite da paciência.

Sabe do que mais?

Foi li-ber-ta-dor!

Uma coisa é desabafar com a melhor amiga ou o marido sobre algo que te fez mal aquele dia. Outra coisa bem diferente é passar o dia reclamando de cada coisa que não saiu como a gente queria. Isso é um hábito que só faz mal. A todos.

Se reclamar resolvesse a nossa vida, como é que as pessoas que mais reclamam que eu conheço estão sempre na lama?

Não sou perfeita, estou bem longe disso. O que faço é me observar e ver em que posso melhorar. Enxergo os problemas como desafios a serem resolvidos e lições aprendidas, não como bloqueios.

A dica do 1% é valiosa. Melhorei 1% hoje. Amanhã vou melhorar mais 1%. Imagine, em três meses, o que posso melhorar?

Pense. Reflita. Tome sua própria decisão.

# Entre em contato comigo:

- julianalinares.in.norway
- makingnorwaymyhome
- makingnorwaymyhome.com
- Juliana Linares Øverland
- makingnorwaymyhome@gmail.com